AF209476

UNSER

LEBEN

IST KEIN

ZUFALL

EINE ENTDECKUNGSREISE

UNSER LEBEN IST KEIN ZUFALL

FÜR EIN ERFÜLLTES
UND SINNVOLLES LEBEN

PETER ZAISER

Bibliografische Informationen der Deutschen Nationalbibliothek:
Die Deutsche Nationalbibliothek verzeichnet diese Publikation in der
Deutschen Nationalbibliografie, detaillierte bibliografische Daten sind
im Internet über http://dnb.dnb.de abrufbar.

Fotorechte
Coverfoto: ©pixabay.com / Bearbeitung: Peter Zaiser
Fotos im Innenteil: ©pixabay.com, wikipedia, ©Peter Zaiser
Zahnräder von Zikade: ©Universitity of Cambridge,
Profs. Malcom Burrows & Gregory Sutton, CC BY-SA 3.0
Flagellum: ©Michael Behe
Motor des Flagellum: ©Vanderbilt University

Verlag
BoD · Books on Demand GmbH,
Überseering 33, 22297 Hamburg, bod@bod.de

Druck
Libri Plureos GmbH,
Friedensallee 273, 22763 Hamburg

ISBN: 978-3-7597-0608-9

✳✳✳

Ich widme dieses Buch vor allem jungen Leuten,

aber auch Erwachsenen, die den Fragen

nach dem Sinn, Ursprung und Ziel

unserer Welt nachgehen wollen.

Ihr seid nicht zufällig auf dieser Welt,

sondern gewollt und geliebt.

DANK

Ein kleines wunderbares Team von Helfern hat den Text dieses Buches gelesen, korrigiert und bezüglich der Verständlichkeit bewertet. Diese Testleser haben mir wertvolle Rückmeldungen gegeben. Ich darf mich herzlich bei folgenden Personen namentlich bedanken, die mir durch ihre Korrekturen sehr geholfen haben. Ihnen ist es zu verdanken, dass das vorliegende Buch in dieser Qualität und Form entstehen konnte.

Sabine Erber, Helmut Köpke, Rüdiger Krethe, Birgit Mayer, Josef Obermayer, Gabriele Resch, Dr. Roxane Riegler, Stephanie Suckart, Michaela Weixelbaumer, Friedrich Zimmer und meine liebe Frau Damaris.

Inhalt

WILLKOMMEN

Auslöser für das Buch war eine Diskussion mit Freunden über den Ursprung des Lebens. Einige meinten, wir stammen vom Sternenstaub ab und alles hätte sich von allein aus Materie zum Leben entwickelt. Kein Gott, keine höhere Intelligenz hätte hier eine Rolle gespielt, sondern es war einfach der Zufall, der dazu geführt hat, dass es uns Menschen gibt und wir nun darüber reflektieren können. Welche Perspektive hat ein Mensch, wenn er meint, das Leben sei ein Zufallsprodukt und es gibt keinen tieferen Sinn, der über unsere irdische Existenz hinaus geht? Wenn der Beginn Zufall war, dann ist letztlich mit dem Tod alles aus. Deshalb habe ich mich diesem Thema aus der Sicht eines Menschen, der seinen Glauben mit Vernunft begründen will, angenommen. Ich will mit guten Argumenten aufzeigen, dass unsere Existenz von einem Wesen abstammt, das wir als Gott oder Schöpfer bezeichnen und unser Leben deshalb kein Zufall ist. Das bedeutet nicht, dass alles, was geschieht, geplant und von Gott gewollt und vorherbestimmt ist. Es wird einige glückliche und leider auch einige unglückliche Zufälle geben, doch darum geht es in diesem Taschenbüchlein nicht. Der Glaube an die zufällige Entstehung von Leben ist eine Ersatzreligion geworden, die unsere Entwicklung gerade in jungen Jahren schädigt.

Wir sind auf Sinn angelegt und wenn wir ihn nicht finden, dann entsteht ein Defizit, das wir zwar verdrängen können, aber doch seine negativen Auswirkungen hat. Eine Gesellschaft, die ihren spirituellen Halt verliert, gerät in ein seelisches Vakuum. Leider fallen zu viele Jugendliche und Erwachsene aus ihrer inneren Balance, um das Sinnlosigkeitsgefühl zu füllen. Ein gutes Gegenmittel ist die positive Verbundenheit mit Menschen, die uns lieben und unterstützen. Aber das reicht allein nicht aus. Für mich war die Verbundenheit mit Gott ein entscheidender Faktor, um zuversichtlich durch das Leben zu gehen. Gerade der Übergang vom Kind zum Erwachsenen ist eine kritische Zeit voller Unsicherheiten. Hier braucht es Menschen, die einen wohlwollend begleiten, aber es braucht auch eine grundsätzliche Sicherheit über den Ursprung, den Sinn und das Ziel des Lebens. Spirituelle Bedürfnisse sind eine Realität und sollen nicht verdrängt werden. Genauso wie wir eine gute Beziehung zu Menschen brauchen, benötigen wir die Verbundenheit mit unserem Schöpfer. Er hat uns die Sehnsucht nach dem gegeben, was für immer und ewig bleibt.

Peter Zaiser

MEINE ERFAHRUNG

Ich bin in Wien geboren und in einer netten Plattensiedlung am östlichen Stadtrand aufgewachsen. Obwohl es familiäre Probleme gab, hatten wir viel Freiheit und genossen es mit Freunden, draußen in der Natur oder auf dem Fußballplatz zu sein. Mit ungefähr 15 Jahren bewegte mich die Frage: „Was ist der Sinn des Lebens?" Ich fragte einen älteren Freund und er meinte, ich sollte zur Gewerkschaft gehen und mich dort engagieren. Daraufhin ging ich zu einer Veranstaltung, aber dort hatte ich keine Antwort gefunden. Ich hatte immer mehr den Eindruck, dass viele Freunde sich in eine Art Scheinwelt flüchteten, indem sie am Wochenende in die Diskothek gingen. Leider haben manche zu Drogen und Alkohol gegriffen. Ich lehnte solche Fluchtwege für mich ab und wollte mich der Realität und meinen Fragen stellen. Zu jener Zeit war ich in der Ausbildung zum Schreiner. In der kleinen Werkstatt war ich auch immer wieder mal allein und hatte Zeit, während der Arbeit über die Bedeutung des Lebens nachzudenken. Ich dachte mir: „So, jetzt arbeitest du tagaus und tagein und dann irgendwann stirbst du – und wozu war das alles?" Damals spürte ich, dass mir etwas fehlte und ich wusste nicht genau, was es war. Im Grunde ist es etwas ganz Normales die Frage nach dem Sinn zu stellen. Denn wer möchte nicht wissen, warum wir leben und welche Bedeutung unser Leben hat? Ich finde es ungewöhnlich, wenn man die Sinnfrage nicht stellt. Ich kannte die Antwort damals noch nicht, aber eines Tages wurde sie mir klar vor Augen geführt. Obwohl ich glaubte, dass es einen Gott gibt, konnte ich meine Fragen nicht mit der Existenz eines Schöpfers in Verbindung bringen. Doch dann geschah etwas, was ich heute als eine Art Eingebung bezeichnen würde.

Ich war in der Werkstatt und konnte diese Frage nach dem Sinn wieder einmal nicht verdrängen. In meiner Not sagte ich zu mir selbst: „Hilfe!" Plötzlich entstand vor meinem geistigen Auge ein Bild. Ich sah einen Mann in einem dunklen Keller und durch ein kleines Fenster kam ein Licht, das genau auf diesen Mann traf.

Und dann hatte ich einen Satz ganz deutlich in meinem Kopf: „Gott meint es gut mit dir!" Plötzlich war mir in diesem Moment bewusst, dass Gott sich für mich interessiert und mein Bestes will. Das war für mich eine entscheidende Antwort. An diesem Tag ging ich völlig anders aus der Werkstatt. Gott hatte sich mir gezeigt. Er lebt und meint es gut mit mir, deshalb hat mein Leben Sinn. Ich bin fest davon überzeugt, dass diese Eindrücke kein Zufall waren und Gott an mir gewirkt hat. Die Frage nach dem Sinn des Lebens ist zu guter Letzt die

Frage nach Gott. Er hat uns die Fähigkeit gegeben, darüber nachzudenken, woher wir kommen, wozu wir da sind und wohin wir gehen. Und er kann uns diese Fragen durch unterschiedliche Erfahrungen und Hinweise beantworten. Ich wünsche mir, dass er durch dieses Buch zu dir spricht.

Meine Erfahrung ist, dass viele Menschen Gott nicht finden, weil sie sich kaum Zeit für ihn nehmen. Wir sind so beschäftigt und wollen aus unserem Getriebe und gewohnten Gedanken nicht ausbrechen. Wir flüchten aus der Stille, weil wir sie nicht aushalten oder lassen uns berieseln, damit wir diesen grundlegenden Fragen aus dem Weg gehen können und unsere innere Leere nicht wahrzunehmen brauchen. Und dann füllen wir diese Leere mit unseren Aktivitäten und Abhängigkeiten. Doch wir gehen am Wesentlichen vorbei, wenn wir uns den wichtigsten Lebensfragen nicht stellen. Oft ist eine schwierige Zeit nötig, damit wir ins Nachdenken kommen und mehr Offenheit gegenüber Gott entwickeln.

Gott lebt und meint es auch gut mit dir. Er existiert nicht nur, sondern hat auch Interesse daran, wie es dir geht. Der Sinn des Lebens besteht darin, den wahren und uns liebenden Gott kennenzulernen. Wie kann man sich dieses Wesen vorstellen? Die Bibel sagt, dass Gottes

Handeln von seiner Liebe zu uns Menschen bestimmt wird.[1] Und weil er Liebe ist, gibt er den Menschen die Freiheit an ihn zu glauben. Blaise Pascal meinte: „**Gott gibt uns so viel Licht, dass wer glauben will, glauben kann. Und er lässt so viel im Dunkeln, dass wer nicht glauben will, nicht glauben muss.**"

Wir alle haben einen Bereich in unserem Herzen, der nach Gott und unserem Ursprung fragt. Leider wird uns manchmal gesagt, dass man sich über Gott und den Sinn des Lebens keine Gedanken machen braucht, weil es keine sichere Antwort gäbe. Damit blockieren wir jede Entwicklung zu mehr Erkenntnis über Gott. Auch im zwischenmenschlichen Bereich ist es notwendig offen für ein Gespräch zu sein. Genauso ist es doch mit Gott. Wie kann ich Gott finden und ihm begegnen? Ich würde vorschlagen, indem wir offen für ihn sind. Deshalb empfehle ich folgendes Gespräch mit Gott: „Wenn es dich gibt, dann zeige mir das, was ich erkennen soll. Ich möchte dich kennenlernen. Bitte wirke du in meinem Leben, damit ich über Ursprung und Ziel des Lebens Sicherheit bekomme."

---

[1] Johannes 3,16, 1. Johannes 4,8

URSPRUNG DES LEBENS

Der Zug von Stuttgart nach München war überfüllt. Man hatte an diesem Tag versehentlich einen Waggon zu wenig an die Lok gehängt. Ich ging von vorne nach hinten und suchte einen Platz. Ein Mann, der mir entgegen kam, sagte, er komme vom anderen Ende des Zuges. Es sei fast alles besetzt, aber er habe in der ersten Klasse am Ende des Zuges noch Plätze gesehen. So gingen wir beide bis zum letzten Waggon, aber fanden keinen Platz mehr. Wir setzten uns bei den letzten beiden Türen links und rechts auf den Boden. Ich sagte: „Das ist ja Luxus. Der Teppich ist erste Klasse und eine Toilette haben wir auch gleich dabei!" So scherzten wir über unsere exklusive Sitzgelegenheit. Einige Stationen später stieg mein Gesprächspartner aus und ein junger Mann ein. Wir sprachen über den überfüllten Zug und stellten uns vor. Er war Schüler, 14 Jahre alt, der alle zwei Wochen von seinem Internat für Hochbegabte für ein Wochenende nach Hause fuhr. Ich stellte mich als Pastor aus der Rosenheimer Gegend vor. Wir kamen zu der Frage, woher alles Leben kommt. Ich war begeistert, wie viel Wissen dieser Jugendliche hatte. Er verwendete Begriffe, die darauf hinwiesen, dass er sich mit naturwissenschaftlichen Themen beschäftigte.

Am Ende des Gespräches, als wir unsere Argumente für die Existenz oder Nichtexistenz eines Schöpfers austauschten, bekundeten wir doch unsere Dankbarkeit für die interessante Diskussion. Wir einigten uns auf eine gemeinsame Position: Wir beide glauben an ein bestimmtes Weltbild. Er glaubte eben daran, dass alles ohne eine höhere Intelligenz entstanden sei. Und ich konnte und kann mir nicht vorstellen, dass die äußerst komplexen Abläufe und Strukturen in der Natur von allein entstanden sind. Ich rechne es dem jungen Mann hoch an, dass er sich eingestehen konnte, auch an etwas zu glauben und nicht damit argumentierte, dass sein Weltbild bewiesen sei. Was ist Leben? Die Meinung, unser Leben sei nur das Produkt einer zufälligen Entwicklung und wir sind mit viel Glück aus toter Materie entstanden, ist weit verbreitet und wird auch durch viele Medien als wissenschaftliche Wahrheit propagiert. Zufällig hätten sich Bausteine zu lebendigen Organismen entwickelt. Die Vorstellung von einer zufälligen Entwicklung von toter Materie zu einem lebendigen Organismus und zum Menschen ist aus meiner Sicht nicht glaubwürdig. Die Natur hätte sich angeblich selbst geschaffen. In diesem Kapitel möchte ich kurz darauf eingehen. Wenn wir hinsehen, wie die Natur funktioniert und strukturiert ist, erhalten wir eine andere Perspektive. Ich möchte dir drei Beispiele vorstellen.

Können die Zahnräder des Bildes zufällig entstanden sein? Ist das Eisen in der Nähe eines Vulkans geschmolzen und hat sie gebildet? Es leuchtet doch ein, dass diese Konstruktion dafür viel zu genau und komplex ist. Für jeden vernünftig denkenden Menschen sind diese Zahnräder gezielt geplant und produziert worden. Allerdings kann ich dir das auch nicht beweisen. Aber muss ich das? Soll ich mit dir zur Fabrik fahren, damit du es glaubst? Es reicht doch aus, dieses Bild zu sehen, um überzeugt zu sein, dass diese Zahnräder kein Zufallsprodukt sein können.

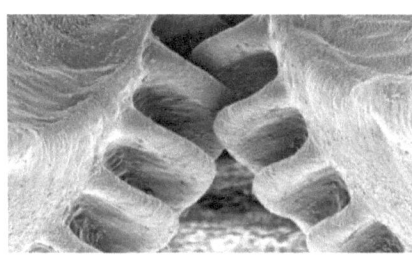

Die Zahnräder des zweiten Bildes sitzen an den Hinterbeinen einer Zikade[2], die in europäischen Parks und Gärten heimisch ist. An beiden Oberschenkeln sehen wir eine bogenförmige Struktur, die 10 bis 12 Zähne hat. Die Zähne haben abgerundete Kanten, mit denen sie ineinander greifen. Damit gleichen sie technisch gefertigten Getrieben.

---

[2] Echte Käferzikade (Issus coleoptratus)

Lass uns mal über Folgendes nachdenken: Die Zahnräder aus Metall sind nicht zufällig entstanden. Davon sind wir doch überzeugt. Warum soll etwas, das in der Natur vorkommt und eine so komplexe und funktionierende Struktur hat, ein Zufallsprodukt sein? Wir haben uns einfach an den Gedanken gewöhnt, dass sich alles angeblich von allein entwickelt hätte. Aber wenn man über Struktur und Komplexität in der Natur nachdenkt, dann kommt man zu anderen Ergebnissen. Drängt sich hier nicht der Gedanke auf, dass es von jemand geplant wurde?

Ein zweites Beispiel: Bist du schon einmal mit einem Motorboot gefahren? Dann kennst du auch einen Außenbordmotor und hast ihn eventuell schon selbst bedient. Wir waren bei der Produktion des Außenbordmotors nicht dabei, trotzdem gehen wir mit Sicherheit davon

aus, dass er von Ingenieuren geplant und von Technikern gebaut wurde. Wusstest du, dass es auch in der Natur einen Motor gibt? Er besteht aus etwa 40 Einzelteilen (Proteinen) die genau aufeinander abgestimmt sein müssen. An der Achse hängt eine Geißel (Faden), die sich dreht.

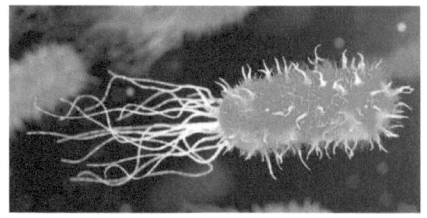

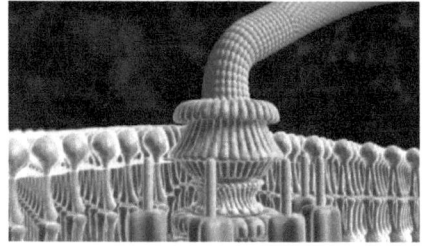

Es gibt Bakterien, die einen oder auch mehrere solcher Motoren haben, die ihre Geißeln in Drehung versetzen und mit deren Hilfe sie sich rasch fortbewegen. Es gibt auch eine Energie (sie heißt ATP), die diesen Motor antreibt. Dieser Motor[3] dreht sich mit ca. 150 Umdrehungen pro Sekunde um seine eigene Achse und treibt Zellenorganellen oder Bakterien vorwärts. Das nur wenige tausendstel Millimeter große Lebewesen ist, wenn man es mit einem Menschen vergleichen würde, 500mal schneller als die besten Schwimmer der Welt.[4] Wir haben hier Bauteile, die perfekt zusammenarbeiten. Kann das Zufall sein?

---

[3] Das dritte Bild ist mit einem komplexen Verfahren an der Universität Vanderbilt, Nashville, Tennessee, „fotografiert" worden. Der Motor sieht tatsächlich strukturell so aus.
[4] laporpraxis.vogel.de, 26.02.2020

Ich möchte dir zuletzt ein drittes Beispiel zeigen. Stellen wir uns eine Fabrik mit einem Zentralbüro vor. Zur Steuerung aller Abläufe werden Arbeitsanweisungen aus diesem Büro kopiert und zu den Abteilungen geschickt. Dort gibt es Maschinen, die mit diesen Plänen die nötigen Einzelteile bauen. Eine andere Abteilung ist für die Qualitätskontrolle zuständig. Transportfahrzeuge bringen die nötigen Produkte an den richtigen Ort. Es gibt einen Putztrupp, der die Fabrik sauber hält. Frischluftsysteme sorgen für ein gutes Arbeitsklima. Dazu kommen Sicherheitsschleusen, damit niemand unbefugt die Fabrik betritt. Ingenieure, Techniker und Architekten benötigen lange Planungsphasen, damit genau geklärt wird, wie die Produktion ablaufen soll. Wusstest du, dass sich in deinem Körper viele Milliarden Fabriken befinden? Jede einzelne Zelle deines Körpers ist so ein Wunderwerk mit vielen tausenden chemischen Prozessen pro Sekunde, die genau aufeinander abgestimmt sind. Vereinfacht dargestellt setzt sich der Bauplan in jeder Zelle beim Menschen und auch bei Flora und Fauna aus vier biologischen Buchstaben zusammen, die eine lange, aber nicht zufällige „Buchstabenkette" im Zellkern einer jeden Zelle bilden.[5]

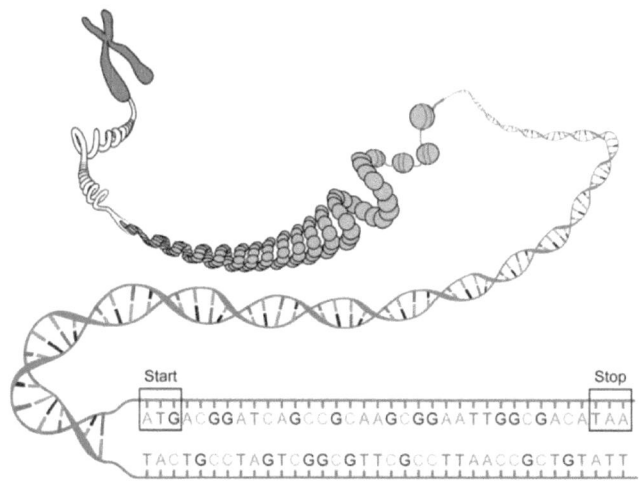

Diese Informationen werden gelesen und daraus werden die vielfältigen notwendigen Strukturen produziert.[6] Wie ist diese Information im Zellkern entstanden? Im Vergleich mit einer Fabrik können wir wieder fragen: Was ist vernünftiger und rationaler? Von einem Planer auszugehen oder vom Zufall? Sind anhand dieser wenigen Beispiele nicht genügend Hinweise vorhanden, die uns zeigen, dass unser Leben kein Zufall sein kann?

---

[5] Beckers Welt der Zelle, Pearson, 2016, S.15
[6] schulfilme-im-netz.de: die Zelle – Schulfilm Biologie

FORSCHER, DIE GLAUBEN

Menschen, die sehr bekannt geworden sind durch ihre wissenschaftlichen Leistungen, werden auch immer wieder gefragt, ob sie an Gott glauben. Viele bekennen sich dazu, dass sie das Leben von einem Schöpfer ableiten. Für sie war nicht der Zufall der Ursprung, sondern ein persönlicher Gott, der die Welt geplant und geschaffen hat. Von diesen gläubigen Wissenschaftlern sieht das im Detail jeder ein bisschen anders, aber das Gemeinsame ist, dass es einen Gott gibt, der Schöpfer und Ursprung des Lebens ist. Große Wissenschaftler der Vergangenheit haben an Gott geglaubt und auch in der Gegenwart treten immer wieder Forscher auf, die sich zu Gott bekennen. Die Existenz eines Schöpfers war und ist für sie eine Motivation zu forschen, denn damit konnte bzw. kann man davon ausgehen, dass die Natur Gesetzmäßigkeiten hat, die es zu entdecken gilt. Es verwundert viele Forscher, wie die Kräfte des Kosmos in mathematischen Formeln ausgedrückt werden können. Je tiefer man diese Gesetze versteht, umso wundersamer erscheint die Feinabstimmung in der Natur und im Universum. Natürlich müssen Wissenschaftler zuerst davon ausgehen, dass alles permanenten Naturgesetzen unterliegt ohne, dass eine göttliche Macht diese Gesetze ständig verändert. In diesem Sinne muss sie „atheistisch" (ohne Gottes Eingreifen) sein, doch die Existenz von komplexer Ordnung und Harmonie mit ihrem Hinweis-charakter auf einen Schöpfer ist davon unberührt.

Werner Karl Heisenberg (1901-1976) war ein deutscher Physiker, der zu den bedeutendsten Wissenschaftlern des 20. Jahrhunderts zählt. Er erhielt 1933 den Nobel-preis für Physik.

„Der erste Schluck aus dem Glas der Naturwissen-schaften wird Sie in einen Atheisten verwandeln, aber am Boden des Glases wartet Gott auf Sie".

Isaak Newton (1642-1726) war ein englischer Physiker, Astronom und Mathematiker an der Universität Cambridge und Leiter der Royal Mint. Wegen seiner Leistungen gilt auch Newton als einer der bedeutends-ten Wissenschaftler aller Zeiten.

„Die wunderbare Einrichtung und Harmonie des Weltalls kann nur nach dem Plane eines allwissenden und allmächtigen Wesens zustande gekommen sein. Das ist und bleibt meine letzte und höchste Erkennt-nis."

William Thomson, Lord Kelvin (1824-1907) war ein britischer Physiker auf den Gebieten der Elektrizitätslehre und der Thermodynamik. Die Einheit Kelvin wurde nach William Thomson benannt, der im Alter von 24 Jahren die thermodynamische Temperaturskala einführte.

„Haben Sie keine Angst, ein frei denkender Mensch zu sein. Wenn Sie nachdenken, werden Sie durch die Wissenschaft Glauben an Gott gewinnen."

Joseph Thomson (1856–1940)
Englischer Physiker, der unter anderem die elektrische Leitfähigkeit von Gasen und über die subatomaren Teilchen forschte. Er erhielt 1906 den Nobelpreis für Physik.

„Wenn Sie tief genug denken, werden Sie von der Wissenschaft zum Glauben an Gott geführt, der die Grundlage der Religion darstellt. Sie werden sehen, dass die Wissenschaft kein Feind, sondern ein Helfer der Religion ist."

Max Planck (1858-1947) war ein Physiker. Er gilt als Begründer der Quantenphysik und zählt zu den wichtigsten Forschern des 20. Jahrhunderts. Er erhielt für das Jahr 1918 den Nobelpreis für Physik.

„Alle Materie entsteht und besteht nur durch eine Kraft, welche die Atomteilchen in Schwingung bringt (...) Da es im ganzen Weltall aber weder eine intelligente Kraft noch eine ewige Kraft gibt (...) müssen wir hinter dieser Kraft einen bewussten intelligenten Geist annehmen (...) so scheue ich mich nicht, diesen geheimnisvollen Schöpfer ebenso zu benennen, wie ihn alle Kulturvölker der Erde früherer Jahrtausende genannt haben: Gott!"

„Wohl den unmittelbarsten Beweis für die Verträglichkeit von Religion und Naturwissenschaft auch bei gründlich-kritischer Betrachtung bildet die historische Tatsache, dass gerade die größten Naturforscher aller Zeiten, Männer wie Kepler, Newton, Leibniz von tiefer Religiosität durchdrungen waren."

„Für den gläubigen Menschen steht Gott am Anfang, für den Wissenschaftler am Ende aller seiner Überlegungen."

Albert Einstein (1879-1955) war ein schweizerisch-US-amerikanischer theoretischer Physiker deutscher Herkunft. Einstein gilt als einer der bedeutendsten Physiker der Wissenschaftsgeschichte. Er erhielt 1922 den Nobelpreis für Physik.

„Ich bin kein Atheist, (...) Wir befinden uns in der Situation, als wenn ein kleines Kind eine riesige Bibliothek betritt, die mit Büchern in vielen verschiedenen Sprachen gefüllt ist. (...) Das Kind vermutet trüb eine geheimnisvolle Ordnung in der Anordnung der Bücher, weiß aber nicht, was das ist. Das, so scheint es mir, ist die Haltung selbst des intelligentesten Menschen gegenüber Gott. Wir sehen ein Universum, das wunderbar geordnet ist und bestimmten Gesetzen gehorcht, aber wir verstehen diese Gesetze nur undeutlich. Unser begrenzter Verstand kann die geheimnisvolle Kraft, die die Konstellationen bewegt, nicht begreifen."

„Ich möchte wissen, wie Gott diese Welt erschaffen hat. Ich bin nicht an dem einen oder anderen Phänomen interessiert, … Ich möchte seine Gedanken kennen, alles Übrige sind nur Einzelheiten."

Anton Zeilinger (geb. 1945) ist ein österreichischer Quantenphysiker und Hochschullehrer an der Universität Wien. Im Jahr 2022 wurde ihm gemeinsam mit Alain Aspect und John Clauser der Nobelpreis für Physik zuerkannt.

„Für mich persönlich gibt es sehr wohl einen persönlichen Gott. Einen Gott, mit dem ich sprechen kann, (...) und dass er auch in unsere Welt eingreifen kann und eingreift."[7]

„In meinem Leben gab es keinen Moment ohne Gott (...) Was ich meine ist, dass es etwas Metaphysisches gibt – mehr, als man in den Naturwissenschaften sehen und messen kann."[8]

Die Ansicht, dass mehr wissenschaftliche Erkenntnis den Glauben an Gott abschafft, kann Zeilinger nicht teilen. Aus seiner Sicht gibt es nur dann einen Konflikt zwischen Naturwissenschaft und Glauben, „wenn einer der beiden Seiten die Grenzen ihrer Zuständigkeit überschreitet." Von der Seite der Naturwissenschaft wäre es eine Grenzüberschreitung, wenn behauptet wird, man hätte nun so viel von der Natur verstanden, dass kein Gott mehr nötig sei. Zeilinger meint dazu, dass dann immer noch die Frage im Raum steht, warum es die Naturgesetze gibt.

„Wenn einige Naturwissenschaftler behaupten, die Annahme der Existenz Gottes würde dem

[7] Die Presse, März 2013
[8] Die Furche, November 2020

widersprechen, was sie naturwissenschaftlich finden, dann ist das eine sehr vereinfachte Sicht von Gott."

Anton Zeilinger erklärte in einem Interview, dass zum Beispiel die Frage nach dem Urknall, ob er durch einen Schöpfer verursacht wurde oder ob er Zufall wäre, eine Frage des Glaubens und nicht des Wissens ist.[9]

„Wenn jemand sagt, er brauche keinen Gott, weil man den Urknall entdeckt hat, dann ist das ein sehr naives Gottesbild."[10]

Harald Lesch (geb. 1960) ist Professor für Astrophysik, Wissenschaftsjournalist und bekannter Fernsehmoderator für wissenschaftliche Themen. Lesch sieht die Entscheidung, an Gott oder Zufall zu glauben, nicht als Frage der Intelligenz, sondern als Frage des Willens.

„Gott hat ein Lebewesen erschaffen, das einen freien Willen hat. Wir können uns in Freiheit für oder gegen ihn entscheiden."

„Ein persönlicher Gott ist ein Gott, mit dem ich was anfangen kann."

---

[9] Profil, August 2012
[10] Kurier, März 2013

DAS BUCH ÜBER DAS LEBEN

Für viele Menschen ist die Bibel ein wertvoller Schatz geworden. Sie ist das am weitesten verbreitete Buch der Welt. Vielleicht hast du in die Bibel schon mal hineingesehen und die ersten Seiten gelesen: **„Am Anfang schuf Gott Himmel und Erde."**[11] Auf den letzten Seiten steht: **„Und ich sah einen neuen Himmel und eine neue Erde."**[12] Die Bibel beschreibt, woher wir kommen und wohin wir gehen. Ich bin überzeugt davon, dass die Bibel die Wahrheit über den Ursprung und das Ziel des Lebens sagt und dies mit der Vernunft im Einklang ist.

Worum geht es in diesem Buch? Die Bibel beschreibt, dass wir Menschen am Anfang vollkommen geschaffen wurden. Alles war sehr gut! Doch nach einiger Zeit haben die Menschen aufgehört, ihm für das geschenkte Leben dankbar zu sein und haben sich eigene Götter erdacht. Sie begannen Sonne, Mond und Sterne statt Gott anzubeten.[13] Weil sie sich von Gott getrennt haben und mit ihren Göttern ihre eigenen Werte und Weltbilder geschaffen haben, ist Leid und Tod über die Welt

---

[11] 1. Mose 1,1
[12] Offenbarung 21,1
[13] Römer 1,19-25; In vielen Urvölkern wurden verschiedenste Götter angebetet, aber in fast allen Kulturen gibt es einen höchsten Gott, der Himmel und Erde geschaffen hat.

gekommen. Gott hat aber diese Welt nicht ihrem Schicksal überlassen, sondern hat einen Plan wie er die Menschen wieder zurück zu sich führen kann. Jeder, der will, kann wieder in Gemeinschaft mit Gott kommen. Unser Schöpfer ist immer aktiv gewesen, um uns zu ermutigen, ihm zu vertrauen. In der Bibel wird beschrieben, wie er das tat. Die biblischen Berichte beginnen mit der Schöpfung und beschreiben wie Gott die Menschen gesucht und zu ihnen gesprochen hat. Die Bibel ist in rund 1600 Jahren zwischen 1450 v. Chr. bis 100 n. Chr. entstanden. Ungefähr 40 Menschen haben im Laufe dieser Jahrhunderte im Auftrag Gottes Teile der Bibel verfasst. Wir haben das Alte Testament mit seinen 39 Büchern, die vor Christus in hebräischer Sprache geschrieben wurden. Es beginnt mit den fünf Büchern Mose, weiteren historischen Berichten, Weisheitsbüchern, Liedern und endet mit den Propheten. Das Neue Testament besteht aus 27 Büchern, die einige Jahrzehnte nach Christus in griechischer Sprache verfasst wurden. Zuerst haben wir die vier Biografien über Jesus von Matthäus, Markus, Lukas, Johannes, die Apostelgeschichte von Lukas, dann Briefe der Apostel und zuletzt die Offenbarung des Johannes. Die Bibel kann als kleine Bibliothek von 66 Büchern bezeichnet werden. Es gibt trotz des langen Entstehungszeitraumes keine inhaltlichen Widersprüche.

Der Ursprung der Welt und das Ziel der Menschheitsgeschichte werden von allen Autoren einheitlich gesehen. Das ist an sich schon ein Wunder. Wie geht das? Die Antwort liegt darin, dass Gott die Menschen in ihren Erfahrungen mit ihm und beim Niederschreiben der Berichte geführt hat. So steht in der Bibel: **„Die Propheten sind vom Geist Gottes ergriffen worden und haben verkündet, was Gott ihnen aufgetragen hatte."**[14] Die Bibel ist kein Zufallsprodukt und hat einen übernatürlichen Charakter. Das möchte ich dir durch die Vorhersagen zeigen, die sich erfüllt haben. Das Alte Testament sagt viele hunderte Jahre vorher voraus, dass Jesus kommen wird und das Neue Testament zeigt, wie sich das alles erfüllt hat. Im Zentrum der Bibel steht das Kommen von Jesus in diese Welt.

Ich zitiere in diesem Buch meist aus modernen Bibelübersetzungen. Ich empfehle die leichter lesbaren Übersetzungen wie die „Gute Nachricht Bibel" (GNB), „Neues Leben" (NLB), „Hoffnung für alle" (HFA) oder eine sehr am Grundtext orientierte, aber doch lebendige Übersetzung wie die Luther-Bibel (LUT).[15]

---

[14] 2.Petrus 1,21 (GNB)
[15] Sie sind auch online verfügbar unter „bibleserver.com". Ich würde mir aber eine Bibel kaufen, damit ich mir darin etwas anstreichen kann (shop.die-bibel.de). Grundsätzlich steht überall inhaltlich das Gleiche, aber manche neue Übersetzungen sind verständlicher.

DAS LEBEN STIRBT FÜR UNS

Ich war um 20.00 Uhr mit dem Auto von Zell am See nach Saalfelden am Steinernen Meer unterwegs und sah bei einer Busstation eine Gruppe von Menschen stehen. An der Kleidung der Frauen erkannte ich, dass diese Gruppe aus dem arabischen Raum stammen musste. Gleichzeitig war mir klar, dass um diese Zeit kaum mehr Busse unterwegs waren. Ich fuhr bis zur nächsten Busstation und schaute auf den Fahrplan. Da kein Bus mehr kommen würde, drehte ich um und fragte sie, ob ich ihnen helfen könnte. Wir unterhielten uns in englischer Sprache. Es waren Tante und Onkel mit ihren zwei Nichten. Die eine junge Dame dürfte so um die 15 Jahre alt gewesen sein, die andere ca. 20 Jahre. Sie mussten zu einem Hotel, das auf der anderen Seite des Zellersees, gegenüber dem Ort Zell am See lag. Ich brachte sie zu ihrer Unterkunft. Sie luden mich herzlich ein und bald saßen wir auf ihrem Balkon bei Tee und Knabbereien mit wunderschönen Ausblick auf den Zeller See. Ich stellte mich vor erzählte, dass ich als Pastor demnächst nach Deutschland ziehen werde. Die ältere der beiden jungen Frauen fragte mich plötzlich: Warum wurde Jesus gekreuzigt? Wir hatten ein angeregtes einstündiges Gespräch über das Christentum und die zentrale Bedeutung von Jesus Christus.

Dass die Kreuzigung Jesu viele Menschen im Laufe der Jahrhunderte immer wieder berührte, kann man in der Literatur, bildenden Kunst, Musik und in der Filmbranche beobachten. Bislang wurden seit 1905 rund 100 Filme[16] über das Leben Jesu veröffentlicht. Das ist ein Hinweis für das beständige Interesse an der dramatischen Geschichte einer Person, die bis heute rätselhaft erscheint. Als Höhepunkt der Verfilmungen sehen wir einen Menschen, der ungerecht verurteilt wird.

Welche Umstände führten dazu, dass man diesen Heiler und Wanderprediger loswerden wollte? Warum wurde Jesus gekreuzigt? Der historische und der prophetische Blickwinkel können uns Antworten liefern.

DIE HISTORISCHE SICHT

Jesus ist eine historische Person. Außerbiblische Zitate bestätigen, dass Jesus in Palästina gelebt hat und getötet wurde:

1. Der Talmud ist ein jüdischer Kommentar zur Bibel. Talmud Sanhedrin 43a (2. Jh.):

„Am Vorabend des Passahfestes henkte man Jesus (...), weil er Zauberei betrieben und Israel verführt und abtrünnig gemacht hat."

---

[16] Siehe auch Wikipedia unter „Liste von Bibelverfilmungen"

Dieses Zitat, obwohl gegen Jesus gerichtet, bestätigt, dass er eine historische und eine in Israel sehr bekannte Person war. Es bestätigt auch, dass Jesus übernatürliche Fähigkeiten hatte, die aber aus der Sicht der führenden jüdischen Theologen negativ gedeutet wurden.

2. Das zweite Zitat ist von dem Philosophen Mara bar Serapion (73 n. Chr.):

„Sokrates starb nicht umsonst. (…) Pythagoras starb nicht umsonst, (...) Und auch der weise König der Juden starb nicht umsonst; er lebt weiter in der Lehre, die er verkündet hat."

Auch dieses Zitat erwähnt den Tod Jesu. Sein Leben und Sterben war allgemeines Wissen. Jesus wird hier im ersten Jahrhundert nach Christus neben Sokrates und Pythagoras genannt, die ebenfalls konkrete historische Personen waren.

3. Der römische Geschichtsschreiber Tacitus (58-120 n. Chr.; 15. Band) erwähnt Jesus:

„Dieser Name [Christen] stammt von Christus, der unter Tiberius vom Prokurator Pontius Pilatus hingerichtet worden war."

Tacitus erwähnt den Ursprung des Namens Christen und bestätigt am Beginn des zweiten Jahrhunderts, dass

Jesus gelebt und unter dem römischen Staatsbeamten Pontius Pilatus hingerichtet wurde.

Jesus ist die am besten historisch belegte Person von ganz Palästina.[17] Er wuchs im Judentum auf und gründete sein Weltbild auf das Alte Testament. Trotz seines tadellosen Lebens wurde er als Störung im religiösen Betrieb empfunden. Er stellte die Traditionen in Frage und prangerte Geldgier und Heuchelei der Geistlichen an. **„Ihr Scheinheiligen! Ihr seid wie angestrichene Gräber, die äußerlich schön aussehen; aber drinnen sind Totengebeine und alles mögliche Ungeziefer."**[18] Zweimal trieb er die Kaufleute aus dem Tempel, um gegen den Missbrauch des Glaubens zu protestieren.[19]

Durch seine vielen Heilungen, seine bildhaften Geschichten und praktischen Lehren zog er die Menschenmassen an. Die Geistlichen wurden in ihrer Abgehobenheit und Autorität in Frage gestellt. Sie hatten Angst, dass es durch Jesus zum Untergang des jüdischen Volkes kommen könnte. In jener Zeit traten öfter selbsternannte Erlöser auf, die Aufstände anzettelten, um Israel von der Besatzungsmacht zu befreien. Diese wurden

---

[17] Historiker sind sich mehrheitlich einig, dass Jesus eine historische Person war, die zwischen 7 und 4 v. Chr. geboren wurde.
[18] Matthäus 23,27 (GNB)
[19] Johannes 2,13-17 und Matthäus 21,12-13 beschreiben zwei verschiedene Ereignisse.

brutal von den Römern niedergeschlagen. Als schließlich Jesus einen Toten wieder zum Leben erweckte, wurde es ihnen zu viel. Sie beschlossen seinen Tod.[20] Ein Argument gegen Jesus war, dass es durch ihn zu einem Aufruhr kommen könnte, bei dem die Römer das Volk Israel vernichten würden. Kaiphas, eine Art Erzbischof unter den Priestern, sagte zu den Mitgliedern des höchsten jüdischen Gremiums, dem Hohen Rat: „**Seht ihr nicht, dass es euer Vorteil ist, wenn einer für alle stirbt und nicht das ganze Volk vernichtet wird?"**[21] Sie konnten sich aber keine öffentliche Anklage und Gefangennahme leisten, weil Jesus sehr beliebt war. Deshalb planten sie ihn heimlich zu verhaften und ihn möglichst schnell vor Gericht der Auflehnung gegen den römischen Staat anzuklagen.[22] Pilatus war bei der früh morgens eilig einberufenen Verhandlung überzeugt, dass die religiösen Führer Jesus nur aus Neid beseitigen wollten.[23] Als die von den Geistlichen organisierte Masse schrie: „**Lässt du diesen frei, so bist du des Kaisers Freund nicht; denn wer sich zum König macht, der ist gegen den Kaiser"**[24], gab Pilatus dem Druck nach und verurteilte Jesus zum Tod am Kreuz.

---

[20] Johannes 11,53
[21] Johannes 11,50 (GNB)
[22] Matthäus 26,4
[23] Matthäus 27,12
[24] Johannes 19,12 (GNB)

DIE PROPHETISCHE SICHT

Es wurde damals viel spekuliert, ob Jesus der Messias (Retter des Volkes Israel) sei oder nicht. Das war auch ein zentraler Anklagepunkt der Gegner von Jesus.[25] Aufgrund der prophetischen Aussagen des Alten Testaments wurde ein Messias erwartet, der Israel Frieden und Wohlstand bringen würde. Die Propheten sprachen von einer leidenden und schließlich siegreichen Person. Die ersten Christen waren Juden, die in Jesus diesen versprochenen Messias sahen. Sie begründeten ihre Überzeugung mit den prophetischen Aussagen des Alten Testaments und mit ihren persönlichen Erfahrungen, die sie mit Jesus machten.

Jesus wies seine Nachfolger auf die Vorhersagen hin: **„Alles, was im Gesetz, in den Schriften der Propheten und in den Psalmen über mich steht, muss in Erfüllung gehen."[26]**

Die folgenden Zeilen zitieren diese Vorhersagen auf Jesus aus dem Alten Testament. Sie sind so zahlreich, dass man mit ihnen die wichtigsten Stationen, von der Geburt bis zur Auferstehung, beschreiben kann, denn hunderte Jahre zuvor wurden genaue Details angekündigt. Einige Beispiele werden hier jetzt im Original zitiert.

---

[25] Matthäus 26,63-66
[26] Lukas 24,44 (GNB)

GEBURTSORT – Der Prophet Micha im 8. Jahrhundert vor Christus sagt vorher: **„Und du, Bethlehem Efrata, die du klein bist unter den Tausenden in Juda, aus dir soll mir der kommen, der in Israel Herr sei, dessen Ausgang von Anfang und von Ewigkeit her gewesen ist."**[27] Die Eltern von Jesus mussten aufgrund einer Volkszählung nach Bethlehem. Deshalb wurde er an diesem Ort geboren. Weise Männer kamen zur Zeit der Geburt Jesu nach Jerusalem und fragten, wo der König der Juden geboren wird. Sie wurden aufgrund der Prophetie von Micha nach Bethlehem geschickt.[28]

GEHEIMNISVOLLE GEBURT – Das Neue Testament beschreibt, dass Maria schwanger war, ohne mit einem Mann geschlafen zu haben.[29] Die Schreiber des Neuen Testaments sahen im folgenden Text vom Propheten Jesaja aus dem 8. Jahrhundert vor Christus eine Erfüllung dieser Geburt: **„Darum wird euch der Herr selbst ein Zeichen geben: Siehe, eine Jungfrau ist schwanger und wird einen Sohn gebären, den wird sie nennen Immanuel."**[30] Immanuel bedeutet: Gott mit uns! In Jesus sahen die ersten Christen eine Person, die Gott gleich war und auf übernatürliche Weise Mensch wurde.

---

[27] Micha 5,1 (LUT)
[28] Matthäus 2,1-12
[29] Lukas 1,31-35
[30] Jesaja 7,14 (LUT)

EIGENSCHAFTEN VON JESUS – Der Prophet Jesaja sagt im 8. Jahrhundert vor Christus, welche besonderen Eigenschaften Jesus hat: **„Denn uns ist ein Kind geboren, ein Sohn ist uns gegeben, und die Herrschaft ist auf seiner Schulter; und er heißt Wunder-Rat, Gott-Held, Ewig-Vater, Friede-Fürst."**[31] In den Namen wird immer ein göttlicher und menschlicher Begriff verbunden. (z.B. Ewig und Vater) Jesus wurde Mensch, ist aber auch Gott gleich.

ANKÜNDIGER VON JESUS – Der Prophet Maleachi im 5. Jahrhundert vor Christus sagt die Aufgabe von Johannes dem Täufer voraus: **„Siehe! Ich sende meinen Boten, damit er mir den Weg ebnet. Dann wird der Herr, den ihr sucht, unverhofft in seinen Tempel kommen."**[32] Das hat sich im Leben von Johannes dem Täufer erfüllt, der vor Jesus öffentlich aufgetreten ist und einen großen Einfluss in Israel ausübte. Er hat darauf hingewiesen, dass mit Jesus der Retter der Welt erschienen ist: **„Seht her! Da ist das Lamm Gottes, das die Sünde der Welt wegnimmt!"**[33]

---

[31] Jesaja 9,5 (LUT)
[32] Maleachi 3,1 (NLB)
[33] Johannes 1,29 (NLB)

HEILUNGEN – Der Prophet Jesaja im 8. Jahrhundert vor Christus sagt massenhafte Heilungen voraus, wenn der Erlöser in dieser Welt wirkt: „**Er wird kommen und euch retten. Dann werden die Augen der Blinden und die Ohren der Tauben geöffnet. Der Lahme wird springen wie ein Hirsch, und der Stumme wird jubeln.**[34] Als Jesus, ungefähr ab seinem 30. Lebensjahr, öffentlich aufgetreten ist, hat er massenweise Menschen geheilt. Es wird in den Berichten über Jesus beschrieben wie Jesus Blinde, Taube, Gelähmte, viele chronisch Kranke heilte und sogar einige Male Tote erweckte. Auch diese Vorhersage hat sich erfüllt.

ANKUNFT IN JERUSALEM – Der Prophet Sacharja im 5. Jahrhundert vor Christus sagt den Einzug eines gerechten, aber armen Königs in Jerusalem voraus: „**Freut euch, ihr Bewohner von Jerusalem! Seht, euer König kommt zu euch. Er ist gerecht und siegreich, und doch ist er demütig und reitet auf einem Esel – ja, auf dem Fohlen eines Esels, dem Jungen einer Eselin.**"[35] Das Neue Testament berichtet, wie er auf einem jungen Esel saß und die Menschen jubelten ihm zu und bekannten sich zu ihm als Retter und Messias.[36]

---

[34] Jesaja 35,4-6 (NLB)
[35] Sacharja 9,9 (NLB)
[36] Matthäus 21,9

JESUS WIRD DURCHBOHRT – David aus dem 10. Jahrhundert vor Christus schildert den Tod eines Mannes: **„Sie haben mir Hände und Füße durchbohrt. Alle meine Knochen kann ich zählen. Meine Gegner sehen mich schadenfroh an. Sie teilen meine Kleider unter sich auf und würfeln um mein Gewand."**[37] Als Jesus gekreuzigt wurde, hat man ihm Hände und Füße durchbohrt und um seine Kleider gewürfelt. Im Johannesevangelium steht: **„Nachdem die Soldaten – es waren vier Mann – Jesus gekreuzigt hatten, teilten sie seine Kleider unter sich auf. Sie nahmen auch sein Untergewand an sich. Es war ohne Naht aus einem einzigen Stück gewebt, deshalb sagten sie: »Wir wollen es nicht zerreißen, sondern darum würfeln."**[38]

GEBET FÜR DIE MÖRDER – Der Prophet Jesaja im 8. Jahrhundert vor Christus sagte voraus, dass Jesus für die Menschen beten wird, die ihn ans Kreuz schlagen. Der Prophet beschreibt manchmal Zukünftiges in der Vergangenheitsform. Eventuell hatte er eine Vision: **„Er hat für die Übeltäter gebeten."**[39] Das hat sich erfüllt als Jesus am Kreuz betete: **„Vater vergib diesen Menschen, denn sie wissen nicht, was sie tun."**[40]

---

[37] Psalm 22,17-19 (NLB)
[38] Johannes 19,23.24 (NLB)
[39] Jesaja 53,12 (LUT)
[40] Lukas 23,34 (NLB)

43

STERBEN FÜR DIE MENSCHHEIT – Der Prophet Jesaja sagte voraus, dass Jesus für die Menschen sterben wird. **„Doch wegen unserer Vergehen wurde er durchbohrt, wegen unserer Übertretungen zerschlagen. Er wurde gestraft, damit wir Frieden haben. Durch seine Wunden wurden wir geheilt!"**[41] Wir wünschen uns alle Gerechtigkeit! Wenn jemand einen Mord begeht, fordern wir eine Strafe! Allein mit Vergebung lässt sich das Problem nicht aus der Welt schaffen. Doch wann sollte die Gerechtigkeit Gottes beginnen? Bei den großen Untaten wie Mord und Bankraub oder schon bei Verlogenheit, Hass, Mobbing, Schadenfreude, Neid und Unversöhnlichkeit? Wir sind eigentlich dem ewigen Tod geweiht, weil wir uns von Gott getrennt haben und seine Gebote übertreten haben. Jesus hat mit uns getauscht und ging für uns in den Tod und hat nun als Richter der Welt das Recht uns frei zu sprechen.

AUFERSTEHUNG VON JESUS – Der Prophet Jesaja sagte voraus, dass Jesus auferstehen wird. **„Wenn er sein Leben zum Schuldopfer gegeben hat, wird er Nachkommen haben und lange leben, und des HERRN Plan wird durch ihn gelingen."**[42]

---

[41] Jesaja 53,5 (NLB)
[42] Jesaja 53,10 (LUT)

Diese Vorhersage erwähnt den Tod Jesu, seine Auferstehung und seine „Nachkommen"; das sind die Menschen, die an ihn glauben. Die ersten Christen waren Augenzeugen der Auferstehung. Paulus berichtet, dass rund 500 Personen Jesus als Auferstandenen gesehen haben.[43] Die Vorhersage spricht von einem Plan, der gelingen wird. Trotz alle Widerstände hat sich diese Botschaft von der Auferstehung über die Welt ausgebreitet. Jesus hat am Kreuz gesagt: **„Es ist vollbracht!"**[44] Sein Plan war die Menschheit zu erlösen. Gott hat einen guten Plan, auch für dein Leben. Sein Plan besteht darin dir Zuversicht zu geben, dass er dich begleitet und zu einem guten Ziel führen will. Das geschieht, wenn du seine Erlösung durch seinen Tod am Kreuz annimmst. Der Tod Jesu ist ein Ausdruck der Liebe Gottes zu den Menschen und der Weg zum ewigen Leben: **„Gott hat die Menschen so sehr geliebt, dass er seinen einzigen Sohn hergab. Nun werden alle, die sich auf den Sohn Gottes verlassen, nicht zugrunde gehen, sondern ewig leben."**[45] Das Leben von Jesus und die Entstehung der Bibel sind keine Zufälle. Wir können daraus schließen, dass es einen Plan Gottes mit der Welt und uns gibt. Jesus lebt, er ist auferstanden, er kennt unser Leben und er hat versprochen,

---

[43] 1. Korinther 15,6
[44] Johannes 19,30 (LUT)
[45] Johannes 3,16 (LUT)

dass er diese Welt nicht ihrem Schicksal überlässt, sondern wiederkommen wird: **„Ich gehe voraus, um euch einen Platz vorzubereiten. […] Wenn dann alles bereit ist, werde ich kommen und euch holen, damit ihr immer bei mir seid, dort, wo ich bin."**[46] Jesus bereitet eine Heimat vor, wo wir eines Tages, wenn er wiederkommen wird, für immer und ewig leben können. Das ist eine Vorhersage, die sich erst erfüllen wird. Sie liegt noch in der Zukunft, aber wenn sich die Vorhersagen über Jesus bis jetzt alle erfüllt haben, dann wird das letzte Versprechen, dass er kommen wird und alles gut machen wird, sich doch auch noch erfüllen. Damit können wir optimistisch durchs Leben gehen, denn in Gott sind wir sicher und geborgen.

Weil das zentrale Gedanken der Bibel sind, kannst du gerne im Gebet eine Entscheidung treffen: Jesus Christus, ich übergebe dir mein Leben. Ich nehme deine Erlösung an und danke dir dafür, dass ich von dir angenommen bin und du mir das ewige Leben schenkst. Amen!

---

[46] Johannes 14,2-3 (NLB)

DAS ERFÜLLTE LEBEN

Jesus sagte, dass er uns, wenn wir ihm vertrauen lernen, ein erfülltes Leben schenken wird. In seinen Worten klingt das so: **„Ich aber bin gekommen, um ihnen das Leben zu geben, Leben im Überfluss."**[47] Ein Leben im Überfluss ist doch sicher ein erfülltes und zufriedenes Leben. Vielleicht hört sich das jetzt für uns so an wie ein Leben im Wohlstand und Reichtum, eben im materiellen Überfluss, aber es ist vor allem die Qualität des Lebens gemeint. Wohlstand und Reichtum können Sicherheit vermitteln, aber es ist nicht alles, um ein erfülltes Leben zu haben. Das Leben kann langweilig, sinnlos und traurig sein, obwohl man materiell gesehen alles hat. Auch Wohlhabende spüren, dass ihnen etwas fehlt, obwohl sie scheinbar glücklich sein könnten: Geld, Haus, Auto, Familie… und doch diese merkwürdige innere Leere!? Woher kommt sie? Was bedeutet sie? Jesus hat die Antwort darauf.

Es war um die Mittagszeit. Eine Frau kam außerhalb eines Dorfes zu einem Brunnen, um Wasser zu schöpfen. Jesus saß dort und sprach diese Frau an: **„Wer dieses Wasser trinkt, wird wieder durstig. Wer aber von dem**

---

[47] Johannes 10,10 (GNB)

Wasser trinkt, das ich ihm geben werde, wird nie mehr Durst haben. Ich gebe ihm Wasser, das in ihm zu einer Quelle wird, die bis ins ewige Leben weitersprudelt."[48] Jesus sprach über einen seelischen Durst, der mit Quellwasser nicht gelöscht werden kann. Es geht hier um ein tieferes Bedürfnis. Wie sehr versuchen doch viele Menschen diesen seelischen Durst mit Unterhaltung, Alkohol oder Drogen zu verdrängen, die innere Leere aber bleibt. Wir wollen uns daher auf die Suche machen, nach dem, was Jesus uns geben möchte. Worum geht es ihm? Ich darf dir einige seiner schönsten Worte zitieren und mit dir darüber nachdenken: **„Kommt alle zu mir; ich will euch die Last abnehmen! Ich quäle euch nicht und sehe auf niemand herab. Stellt euch unter meine Leitung und lernt bei mir; dann findet euer Leben Erfüllung. Was ich anordne, ist gut für euch, und was ich euch zu tragen gebe, ist keine Last."[49]**

Jesus möchte deine Last abnehmen. Du fragst dich vielleicht, wie soll das gehen? Es ist nicht kompliziert. Du kannst jetzt mit Jesus reden und ihm einfach sagen: „Jesus, hilf mir in meinem Leben. Nimm das, was mich belastet von mir!" Auch wenn sich dein Leben jetzt nicht von einem Moment auf den anderen sofort ändert, wirst

---

[48] Johannes 4,13.14 (GNB
[49] Matthäus 11,28-30 (GNB)

du doch merken, dass etwas Neues beginnt. Rede weiter mit Jesus! Bleib mit ihm in Kontakt. Gib nicht auf!

Jesus sagt auch, dass wir uns seiner Leitung anvertrauen und von ihm lernen dürfen. Das ist eine Entwicklung, die mit dem wachsenden Vertrauen zu Jesus zu tun hat. Wie kann man Jesus vertrauen lernen? Das geht, wenn wir in der Bibel lesen und uns einprägen, was er gesagt hat. Ich schlage dazu vor, mit dem Markusevangelium zu beginnen. Es ist eine Biografie über das Leben Jesu.

Ich habe einen weiteren Satz von Jesus, wo er dich zu einem angstfreien Leben einlädt. **„Erschreckt nicht, habt keine Angst! Vertraut auf Gott und vertraut auch auf mich!**[50] Hier wird deutlich gesagt, dass wir Jesus und Gott immer mehr vertrauen dürfen. Der Prozess des Vertrauens wird durch drei Erfahrungen beeinflusst: Reden, Hören und gemeinsame Erlebnisse. Reden ist das Gespräch mit Jesus. Hören auf das, was er in der Bibel sagt. Und gemeinsame Erlebnisse werden sicher kommen, wenn man Gott in den Alltag miteinbezieht.

Noch eine Aussage von Jesus, die weltweit schon vielen Menschen geholfen hat: **„Euer himmlischer Vater kennt eure Bedürfnisse. Wenn ihr für ihn lebt und das Reich Gottes zu eurem wichtigsten Anliegen macht, wird er**

---

[50] Johannes 14,1 (GNB)

euch jeden Tag geben, was ihr braucht. Deshalb sorgt euch nicht um morgen, denn jeder Tag bringt seine eigenen Belastungen. Die Sorgen von heute sind für heute genug."[51]

Jesus macht hier deutlich, was unsere Prioritäten sein dürfen. Nicht die Sorgen, sondern das Reich Gottes. Damit meint er den Glauben an ihn und das, was er uns schenken will. Wir sollen uns nicht zu sehr um das Morgen sorgen, sondern es reicht, wenn wir die Sorgen des heutigen Tages bearbeiten. Gott und die Beziehung zu ihm soll dir das Wichtigste sein, dann kann er dich führen und dir in vielen anderen Herausforderungen helfen. Mit ihm an der Seite, lebt es sich leichter und werden auch die Sorgen kleiner. Er kümmert sich um dich und wird dir beistehen bei den Herausforderungen deines Lebens.

Gott will dir nicht nur da und dort helfen, er will dir ein neues Leben schenken. Johannes sagte, wenn wir Jesus in unser Leben aufnehmen, dann werden wir ein neues Leben bekommen. Er nennt es von neuem oder von Gott geboren werden: „**Die Welt ist durch ihn geschaffen worden, und doch erkannte sie ihn nicht. Er kam in seine eigene Schöpfung, doch seine Geschöpfe, die Menschen, wiesen ihn ab. Aber allen, die ihn**

---

[51] Matthäus 6,31-34 (NLB)

aufnahmen und ihm Glauben schenkten, verlieh er das Recht, Kinder Gottes zu werden. Das werden sie nicht durch natürliche Geburt oder menschliches Wollen und Machen, sondern weil Gott ihnen ein neues Leben gibt."[52]

In dieser Zusage wird ein neues Leben beschrieben, das wir nicht selbst hervorbringen können. Wir haben gelesen, dass dieses neue Leben geschenkt wird, wenn wir uns für Jesus öffnen. Wenn wir offen sind für Gott, dann kann er in unserem Leben wirken. Das neue Leben wird in der Bibel als eine Neugeburt beschrieben. Sie wird dein Inneres verändern, sodass du Gott lieben wirst und einen ganz tiefen Frieden erhältst. Viele Menschen haben das schon erlebt. Es hat sich immer wieder erfüllt, was Jesus sagte: „**Meinen Frieden gebe ich euch!**"[53]

Aus dieser Perspektive lässt sich doch sagen: „Unser Leben ist nicht dem Zufall überlassen, wenn wir es Gott anvertrauen. Wir sind von ihm berührt und geführt."

---

[52] Johannes 1,10-13 (GNB)
[53] Johannes 14,27 (LUT)

ER IST DAS LEBEN

Madrid, Fußgängerzone, 14.07 Uhr: Ein bärtiger Mann mit zotteligen Haaren und schlabbriger Jogginghose spielt mit einem Fußball. Er läuft an den Passanten vorbei und bietet ihnen an mit ihm, um den Ball zu laufen. Die meisten ignorieren den scheinbar im kindlichen Verhalten stecken gebliebenen Ballakrobaten. Einige lächeln ihn dann doch an und versuchen den Ball zu erwischen. Blitzschnell zieht der Dribbelkünstler den Ball mit seinen Füßen in alle Richtungen, so dass die Angreifer keine Chance haben. Eine hübsche junge Dame, die desinteressiert vorbei schlendert, fragt er nach der Telefonnummer. Sie lehnt entschieden ab. Ein ca. 14-jähriger Junge will mit dem komischen Typen dann doch länger spielen. Einige Minuten schießen sie sich den Ball gegenseitig zu. Um 15.01 Uhr nimmt der Mann den Ball und fragt den Jungen wie er heißt. Er antwortet: „Nicolas!" Dann reißt sich der Fußballkünstler die Perücke und seinen Bart von Kopf und Gesicht. Die Augen des Jungen werden immer größer. Christiano Ronaldo steht vor ihm. Dieser umarmt ihn und schenkt ihm den Ball. Ein Raunen geht durch die Menge. Alle zücken ihre Handys und wollen einen der berühmtesten Fußballer fotografieren. Um den Sportler versammelt sich eine riesige Menschenmenge. Dieser flüchtet in einen schwarzen

Kleinbus. Der Junge hat Tränen in den Augen und kann nicht glauben, was er sieht. Auf dem Ball steht: Für Nicolas von Christiano Ronaldo!

Wie hätten sich die Menschen zu Jesus Christus verhalten, wenn sie gewusst hätten, wer er ist? Der Sohn Gottes hat sich vorerst nicht zu erkennen gegeben. Bis zu seinem 30. Lebensjahr war er nur als Zimmermann bekannt. Schon mit 12 Jahren wusste er, dass Gott sein Vater ist, aber erst 18 Jahre später trat er in die Öffentlichkeit. Als Mensch wollte er das Wesen Gottes spürbar machen und die falschen Gottesbilder zurechtrücken. Wenn die Zuhörer ihn hörten, dann wussten sie, dass er recht hatte. Jesus wollte aber nicht mit seiner göttlichen Macht oder Gewalt überzeugen, sondern mit Wahrheit und Liebe. Wer ehrlichen Herzens war, konnte seine Botschaft verstehen und annehmen. Für uns stellt sich auch die Frage: Wer ist Jesus für uns? Heute kann man wie damals genauso an Jesus vorbeigehen und seine Göttlichkeit ignorieren. Aber Jesus klopft an unsere Herzenstüren. Er will uns folgende Nachricht zukommen lassen: Für dich bin ich gekommen! Ich bin Jesus, dein Schöpfer und Erlöser!

Einer, der zum engsten Freundeskreis von Jesus gehörte, der Apostel Johannes, schrieb über ihn: „**Kein Mensch hat Gott jemals gesehen. Nur der eine, der selbst Gott** ist und mit dem Vater in engster Gemeinschaft steht, hat uns gesagt und gezeigt, wer Gott ist."[54] Demnach können wir durch Jesus Gott besser kennen lernen und auch erkennen, welchen Sinn und welche Bedeutung unser Leben hat. Jesus sagte: **"Ich bin das Leben!"**[55] Wie kann ein Mensch so etwas behaupten? Wenn ich sage: "Ich bin das Leben", dann sage ich doch, dass von mir das Leben kommt und ich Leben erschaffen kann. Die Bibel hat deshalb Jesus zum Mittelpunkt, weil er genauso Gott ist wie sein Vater im Himmel. Das erscheint uns im ersten Moment vielleicht unmöglich, aber sehen wir uns mal an, welche Eigenschaften Jesus hat.

1. Er ist der Schöpfer.[56]
2. Er wird angebetet.[57]
3. Er wird als Gott bezeichnet.[58]

Diese drei Eigenschaften von Jesus zeigen, dass er als Gott betrachtet werden muss. Der Begriff Gottes Sohn beschreibt eine Person, die in ihrer Natur Gott gleich ist. Die Bibel spricht vom Vater, Sohn und vom Heiligen Geist. Alle drei sind Gott. Sie werden nach der Bibel als eigenständige Personen beschrieben und sind doch in

---

[54] Johannes 1,18 (GNB)
[55] Johannes 14,6 (LUT)
[56] Johannes 1, 3.10
[57] Hebräer 1,6
[58] Johannes 20, 28

ihrem Willen und Wesen eins.[59] Als Mensch gab Jesus diese Stellung als Gott auf und damit auch manche Eigenschaften Gottes. Jesus war als Mensch nicht allwissend und nicht allmächtig, denn er beschränkte sich freiwillig. Er hätte jederzeit aus dieser Ohnmacht ausbrechen können und sein Menschsein aufgeben können, doch dies wollte er nicht. Er wollte als Mensch auf dieser Erde leben, damit wir das Wesen Gottes auf besondere und neue Weise begreifen können.

Wenn wir Jesus vertrauen lernen, dann lernen wir gleichzeitig Gott kennen. Jesus sagte: „**Wenn ihr mich kennt, werdet ihr auch meinen Vater kennen. Schon jetzt kennt ihr ihn und habt ihn gesehen.« Philippus sagte zu ihm: »Herr, zeige uns den Vater! Mehr brauchen wir nicht.« Jesus antwortete: »Nun bin ich so lange mit euch zusammen gewesen, Philippus, und du kennst mich immer noch nicht? Wer mich gesehen hat, hat den Vater gesehen. Wie kannst du dann sagen: ›Zeige uns den Vater‹?"[60]** Mit Jesus sind wir beim Schöpfer des Universums und der Erde angekommen. Jesus kennt unser Leben und er sagt zu uns: „**Ich bin immer bei euch, jeden Tag, bis zum Ende der Welt."[61]**

---

[59] Matthäus 28,19; 2. Korinther 13,13; 1. Petrus 1,2
[60] Johannes 14,7-9 (LUT)
[61] Matthäus 28,20 (GNB)

An dieser Stelle können wir wieder erkennen, dass unser Leben nicht dem Zufall ausgeliefert ist und wir es mit einem Gott zu tun haben, der sich für uns interessiert. Gott steht am Beginn dieser Welt und er hört uns heute, wenn wir mit ihm reden. Er ist auch in Zukunft in unserem Leben präsent. Es geht darum diese gute und ermutigende Nachricht anzunehmen.

Jesus sagte, wer bereit ist auf ihn zu hören, der wird eine tiefgreifende Erfahrung mit ihm machen: „**Wer meine Gebote kennt und sie befolgt, der liebt mich. … Und ich werde mich ihm persönlich zu erkennen geben.**[62]

Du kannst beten, wenn Du Jesus kennenlernen und auf ihn hören willst: „Danke Jesus, dass ich dir mein Leben anvertrauen kann. Ich will dich besser kennenlernen und auch deinen Plan für mein Leben annehmen. Danke, dass du mich führen willst."

PROMIS, DIE GOTT VERTRAUEN

Sportler, Politiker und Künstler sprechen auch immer wieder über ihren Glauben an Gott. Hier eine kleine Auswahl von prominenten Persönlichkeiten, die sich zu Gott bekennen und damit auch, dass ihr Leben nicht dem Zufall ausgeliefert ist, sondern in den Händen Gottes liegt.

Fußballstar **Cristiano Ronaldo**: „Mein Talent ist ein Geschenk Gottes."

Fußballstar **Lionel Messi**: „Ich stehe jeden Morgen auf und danke Gott dafür, was ich erleben darf."

Fußballstar **Neymar da Silva Santos** bekennt seinen Glauben nach Erfolgen wie dem Olympiasieg 2016 mit einem Stirnband: „100 Prozent Jesus."

Nach dem Sieg der Bayern im Finale der Champions League 2013 streifte sich **David Alaba** ein Shirt über mit der Aufschrift: „Meine Kraft liegt in Jesus."

„In schwierigen Momenten ist der Glaube an Gott mein Anker." **Angelique Kerber**, Tennisspielerin

Novak Djokovic, Tennisspieler: „Bevor ich Sportler bin, bin ich orthodoxer Christ."

Coco Gauff, Tennisspielerin: „Seit ich acht Jahre alt bin, sprechen mein Vater und ich vor jedem Spiel ein Gebet. Wir beten nicht wirklich um den Sieg, sondern nur darum, dass ich und meine Gegnerin gesund bleiben"

Michael Chang, Tennisspieler: „Ich bete täglich und bedanke mich nach jedem Sieg bei Jesus Christus." Seine Antwort auf die Frage, ob er je die Nummer eins der Welt werden würde: „Gott hat einen Plan für mich, und ich bin schon gespannt, wie er aussieht."

Die Kugelstoßerin **Yemisi Ogunleye** hat bei den Olympischen Spielen 2024 in Paris Gold für Deutschland gewonnen: „Gottes Liebe hat mich verändert. Er ist eine wichtige Stütze in meinem Leben."

Nicola Olyslagers ist australische Hochspringerin. Bei der Olympiade 2024 in Paris gewinnt sie die Silbermedaille: „Die Befriedigung, die ich durch Springen und Leben empfinde, war einst leistungsgetrieben, um dem Leben einen Sinn zu geben. Doch das änderte sich, als ich Jesus kennenlernte. (…) Seine Liebe hat mich dazu angespornt, viel höher und größer zu träumen als meine eigenen Wünsche oder Bedürfnisse. Ich lebe ein Leben, das alle Träume übertrifft, die ich mir gesetzt hatte – denn als ich sie alle Gott übergab, erfüllte er sie alle auf eine noch bessere Weise!"

Der brasilianische Surfer **Gabriel Medina** holte sich bei der Olympiade 2024 die Bronzemedaille. Nach einer für ihn idealen Welle, katapultierte er sich zum Abschluss in die Luft und zeigte nach oben. Ein beeindruckendes Bild entstand, darunter hat er schreiben lassen: „Ich vermag alles durch den, der mich stark macht." Ein Zitat aus der Bibel: Philipper 4,13

Die Hammerwerferin **Annette Echikunwoke** gewann 2024 die Silbermedaille für die USA: „Jesus kennenzulernen, ist ein Wendepunkt im Leben. Dadurch habe ich Hoffnung, Vertrauen und Frieden im Leben gefunden."

„Jesus ist mein Zugang zu Gott." **Markus Söder**, Bayrischer Ministerpräsident

„Gott ist in meinem Herzen ein Fundament." Thüringens Ministerpräsident **Bodo Ramelow**

„Uns trägt der gemeinsame Glaube, dass es eine schützende Hand Gottes gibt." Ministerpräsidentin von Mecklenburg-Vorpommern **Manuela Schwesig**

Die Sängerin **Nina Hagen** bekennt sich seit vielen Jahren zum christlichen Glauben: „Als Christin kann ich meine Zuversicht nicht verlieren." „Christin zu sein ist eine Lebensschule. Man wird nie ein perfekter Mensch sein, aber man übt sich darin, zu schlichten statt zu richten."

Paolo Sergio, ehemaliger Fußballer bei FC Bayern München: „Meine Rolle als Athlet für Christus ist mein wichtigster Lebensinhalt."

Karl Friesen, ehemaliger deutscher Eishockey-Nationaltorwart und Profi in der nordamerikanischen Elite-Liga NHL: „Meine Ausgeglichenheit verdanke ich meiner Bekehrung zu Jesus Christus. Vorher war ich unbeherrscht, jetzt kann ich mein Temperament zügeln."

Abigail Kathryn Steiner ist eine US-amerikanische Weltmeisterin im Sprint: „Ganz gleich unter welchen Umständen. Jeder Kampf, den Sie führen, hat einen Zweck. Ich glaube wirklich, dass alles Gottes Plan ist."

Der französische Weltklassestürmer und Weltmeister von 2018 **Olivier Giroud**: „Mein christlicher Glaube ist das Wichtigste in meinem Leben."

Fußballtrainer **Jürgen Klopp** über die Kreuzigung Jesu: „Das ist einfach die einschneidendste Geschichte aller Zeiten, die es für mich als Christ gibt, weil sie alles verändert hat."

Fußballtrainer **Niko Kovac**: „Wenn man versucht, sich an der Bibel entlang zu hangeln, dann hat man alles, was man braucht: Ehrlichkeit, Offenheit, Freundlichkeit, Respekt, Toleranz."

GOTT SPRICHT IN UNSER LEBEN

Die Bibel ist ein sehr praktisches Buch. Sie spricht fast alle Situationen an, die wir Menschen erleben. Ich will dir einige Gedanken daraus vorstellen. Natürlich ist jede Lebenssituation sehr individuell, deshalb sind diese Texte nicht als genaue Anleitung zu verstehen. Die folgenden Bibelstellen dürfen wir auf unser Leben anwenden, wenn sie passen, und sie als Zusagen Gottes für uns persönlich annehmen. Überlege, was die Aussagen für dein Leben bedeuten könnten. Lies die Texte mehrmals langsam durch oder lerne sie sogar auswendig. Dadurch kannst du vielleicht noch besser erfassen und spüren, was Gott dir sagen will.

WENN ICH EINE INNERE LEERE SPÜRE

„Wer zu mir kommt, wird niemals wieder hungrig sein, und wer an mich glaubt, wird niemals wieder Durst haben."[63]

WENN ICH MICH NACH FRIEDEN SEHNE

„Dies habe ich mit euch geredet, damit ihr in mir Frieden habt."[64]

---

[63] Johannes 6,35 (NLB)
[64] Johannes 16,33 (LUT)

WENN ICH WEISHEIT BRAUCHE

„Ich will dich unterweisen und dir den Weg zeigen, den du gehen sollst; ich will dich mit meinen Augen leiten."[65]

WENN MICH MEIN GEWISSEN PLAGT

„Wenn wir aber unsere Verfehlungen eingestehen, können wir damit rechnen, dass Gott treu und gerecht ist: Er wird uns dann unsere Verfehlungen vergeben und uns von aller Schuld reinigen."[66]

WENN ICH KEINE HOFFNUNG MEHR HABE

„Denn ich weiß genau, welche Pläne ich für euch gefasst habe´, spricht der Herr. `Mein Plan ist, euch Heil zu geben und kein Leid. Ich gebe euch Zukunft und Hoffnung."[67]

WENN ICH MIR ÜBERLEGE, WIE ICH MIT MEINEN MITMENSCHEN UMGEHEN SOLL

„Alles nun, was ihr wollt, dass euch die Leute tun sollen, das tut ihr ihnen auch! Das ist das Gesetz und die Propheten."[68]

---

[65] Psalm 32,8 (LUT)
[66] 1. Johannes 1,9 (GNB)
[67] Jeremia 29,11 (NLB)
[68] Matthäus 7,12 (NLB)

WENN ICH EINE BEZIEHUNGSKRISE ERLEBE

„Vergib uns unsere Schuld, wie auch wir denen vergeben haben, die an uns schuldig geworden sind."[69]

WENN ICH VON MENSCHEN VERLETZT WURDE

„Seid nachsichtig mit den Fehlern der anderen und vergebt denen, die euch gekränkt haben. Vergesst nicht, dass der Herr euch vergeben hat und dass ihr deshalb auch anderen vergeben müsst."[70]

WENN ICH MICH FÜRCHTE

„Hab keine Angst und verliere nicht den Mut, denn der Herr selbst wird vor dir hergehen. Er wird bei dir sein. Er wird sich nicht von dir zurückziehen und dich nicht im Stich lassen!"[71]

WENN ICH FINANZIELLE PROBLEME HABE

„Vertraue auf den Herrn und tue Gutes, dann wirst du im Lande sicher leben, und es wird dir gut gehen. Freu dich am Herrn, und er wird dir geben, was dein Herz wünscht."[72]

---

[69] Matthäus 6,12 (NLB)
[70] Kolosser 3,13 (NLB)
[71] 5. Mose 31,8 (NLB)
[72] Psalm 37,3.4 (NLB)

WENN MICH SORGEN PLAGEN

„Deshalb sorgt euch nicht um morgen, denn jeder Tag bringt seine eigenen Belastungen. Die Sorgen von heute sind für heute genug."[73]

WENN MICH KRANKHEIT BEUNRUHIGT

„Rufe mich an in der Not, so will ich dich erretten, und du sollst mich preisen."[74]

WENN ICH MICH KRAFTLOS FÜHLE

„Aber alle, die auf den HERRN vertrauen, bekommen immer wieder neue Kraft, es wachsen ihnen Flügel wie dem Adler. Sie gehen und werden nicht müde, sie laufen und brechen nicht zusammen."[75]

---

[73] Matthäus 6,34 (NLB)
[74] Psalm 50,15 (LUT)
[75] Jesaja 40,31 (GNB)

WIE ICH MEIN LEBEN SCHÜTZE

Neben diesen vielen Zusagen, die mir in schweren Zeiten helfen, hat die Bibel auch praktische Lebensregeln, die mich vor vielen Problemen und Nöten schützen. Was sind die Gefahren in unserer Gesellschaft heute? Was kann ich tun, damit ich ein erfolgreiches, erfülltes und glückliches Leben führen kann? Die Bibel sagt: **„Oder wisst ihr nicht, dass euer Leib ein Tempel des Heiligen Geistes ist, der in euch ist und den ihr von Gott habt, und dass ihr nicht euch selbst gehört?"**[76] Gott möchte in uns wohnen und nachdem Gott unser Schöpfer ist, gehören wir auch ihm. Gott möchte, dass wir unseren Körper gut behandeln und er gesund ist. Es macht daher keinen Sinn Suchtstoffe oder andere Genussmittel zu mir zu nehmen, die meinen Körper schädigen. Auf das Angebot von Drogen und Zigaretten soll ich zum Selbstschutz antworten: „Nein, danke, das brauche ich nicht!" Als Schreinerlehrling war ich bei einem Kunden, der mir Zigaretten anbot. Ich antwortete: „Nein, danke!" Dann bot er mir Alkohol an. Darauf sagte ich: „Nein, danke!" Der Kunde fragte mich: „Wovon leben sie?" Das war humorvoll gemeint, aber ich stellte mir schon folgende Fragen. Kann es sein, dass ich

---

[76] 1. Korinther 6,19 (LUT)

Alkohol brauche, um leben zu können? Kann es sein, dass ich Drogen benötige, um meinen Frust zu bekämpfen? Ich kann nur dringend empfehlen diesen Weg nicht zu gehen, denn Suchtmittel führen zu noch mehr Frust und leider oft in den persönlichen Ruin. Alkohol ist die legale Droge in der Gesellschaft, die mehr Leben zerstört als irgendein anderes Suchtmittel. Neueste Studien zeigen, dass auch moderater Alkoholkonsum schädlich ist. Denk bitte nicht, dass jeder selbst schuld ist an seiner Sucht. Jugendliche werden verleitet zu trinken und unsere Kultur ist prädestiniert Alkoholiker hervorzubringen. Bei jeder Gelegenheit soll man trinken und anstoßen. Die Alkoholindustrie bringt ihre neuesten Produkte vermengt mit Limonadengeschmack, um schon speziell jüngere Leute zu verleiten. Ihnen geht es ums Geschäft und nicht um den Menschen. Alkohol ist ein Zellgift und verursacht 200 verschiedene Krankheiten. In Deutschland haben wir fast zwei Millionen offizielle alkoholabhängige Personen. Und wie viele Personen leiden unter einem Alkoholiker? Bei dem Thema sehe ich die Biografie des Einzelnen. Wie geht es einem Menschen, der abhängig ist? Wie entwickeln sich seine Beziehungen? Wie geht es ihm beruflich? Jedes einzelne Schicksal ist tragisch. Letztlich stellt sich die Frage: Was können wir tun, um diese schrecklichen Folgen zu vermeiden?

Ich schlage vor, folgenden Rat der Bibel anzunehmen:

„Wer hat Kummer? Wer hat Sorgen? Wer hat ständig Streit? Wer jammert in einem fort? Wer hat unnötige Verletzungen? Wer kommt mit blutunterlaufenen Augen daher? Das sind die, die bis spät Wein trinken und einen Becher nach dem anderen leeren. Lass dich nicht vom perlenden, weichen Geschmack des Weins täuschen. Am Ende beißt er wie eine giftige Schlange und sticht wie eine Otter. Deine Augen werden seltsame Dinge sehen und du wirst dummes Zeug lallen. Du wirst torkeln wie ein Seemann bei stürmischer See, der sich an einen schwankenden Mast klammert. Und du wirst sagen: »Sie haben mich geschlagen, aber ich habe es nicht gespürt. Ich habe nicht einmal gemerkt, dass sie mich halb tot geprügelt haben. Wann werde ich aufwachen, damit ich weitertrinken kann?«[77]

Der Text ist sicher keine Empfehlung Alkohol zu trinken, sondern eine Warnung vor den Folgen. Wenn du Kummer, Sorgen, Streit, Verletzungen vermeiden willst, dann meide den Alkohol. Legale und illegale Suchtmittel zerstören Menschen. Es ist um jeden einzelnen Menschen schade. Vielleicht kennst du jemand, dessen Leben durch eine Sucht beeinträchtigt ist oder der viel zu früh verstorben ist. Finger weg von diesem Teufelszeug!

---

[77] Sprüche 23,29-35 (NLB)

Meine Empfehlung ist, Drogen, Zigaretten und Alkohol grundsätzlich zu meiden. Wir haben in unserer Gesellschaft so viele Menschen, die von ihren Süchten nicht mehr los kommen. Es ist wichtig die richtigen Werte in seinem Leben zu haben und das zu meiden, was uns schadet. Von deinen Freunden und Bekannten, die dich zum Suchtverhalten verleiten, wird dann keiner da sein, wenn es dir schlecht geht. Such dir schon heute die richtigen Freunde! Es gibt sie. Das sind jene, die ihr Leben verantwortungsvoll leben wollen. Sei selbst ein Vorbild, damit du andere zu einem gesunden Lebensstil ermutigen kannst.

Gott will, dass es uns gut geht und wir gesund sind. Er möchte auch, dass wir das Leben genießen können, aber er zeigt auch auf, über welche Linien wir nicht gehen sollen. Schade um dein Leben und um das Leben vieler junger Leute, die in ein Suchtverhalten gleiten. Auch wenn in der Gesellschaft manche legalen Suchtmittel verwendet werden, bedeutet das nicht, dass sie für das Leben eine Hilfe sind. Die vielen Suchtkliniken und Krankenhäuser, die voll sind von Menschen, die ihr Leben nicht mehr im Griff haben und darunter leiden, sprechen eine deutliche Sprache. Sei klug und schütze dich, dann wirst du ein glückliches Leben führen können. Was stellst du dir unter einem glücklichen Leben vor?

Was wünscht du dir für deine Zukunft? Kreuze mal deine Wünsche an:

O   Eine tiefe Geborgenheit in Gott

O   Im Herzen Frieden und Zuversicht

O   Gute Freunde

O   Gesundheit und Energie

O   Ausreichend mentale Kraft

O   Eine glückliche Beziehung

O   Erfolg und Freude im Beruf

O   Guter Verdienst

O   Ausreichend Freizeit

O   Gesunde Kinder

O   Eine schöne Wohnung

Für Erfolg sind mehrere Faktoren wichtig. Deine körperliche Gesundheit, deine seelische Stabilität, dein Bildungsweg und deine Beziehungen sind von entscheidender Bedeutung. All diese Faktoren werden von deinen Werten geprägt. Was ist dir wichtig? Was lehnst du ab? Wie gestaltest du aufgrund deiner Werte dein Leben? Ein wichtiger Aspekt ist, dass ich für mich und andere Verantwortung trage. Für mich, weil ich ein wertvolles Geschöpf Gottes bin. Gott wollte mich und ich bin von ihm geliebt. Die Bibel sagt: **„Ich habe dich schon immer geliebt."**[78] Deshalb erkenne deinen Wert, schütze

---

[78] Jeremia 31,3 (NLB)

dich selbst und handle nach guten Lebensprinzipien. Auch deine Mitmenschen haben einen besonderen Wert in den Augen Gottes, deshalb gehe auch mit ihnen so um, wie du gerne behandelt werden willst. Jesus sagte einmal: **„Geht so mit anderen um, wie die anderen mit euch umgehen sollen. In diesem Satz sind das Gesetz und die Propheten zusammengefasst."**[79] Jesus gibt uns diese Werte für den Umgang miteinander. Das ist der Sinn der zehn Gebote.[80] Neben den 10 Geboten gibt es in der Bibel auch Gesundheitstipps, die vor vielen Krankheiten schützen: **„Hört auf mich, den HERRN, euren Gott, und lebt so, wie es mir gefällt: Befolgt meine Gebote und Vorschriften! Dann werde ich euch nicht an den Krankheiten leiden lassen."**[81] Die Israeliten bekamen Gesundheitsratschläge, die halfen Krankheiten zu vermeiden.[82] Gott ist daran interessiert, dass wir gesund bleiben, weil wir dann ein besseres glücklicheres Leben führen können. Ein gesunder Lebensstil kann nicht alle Erkrankungen verhindern, aber erwiesenermaßen viele vermeiden und vor allem ein gutes Lebensgefühl fördern.

---

[79] Matthäus 7,12 (NLB)
[80] 2. Mose 20
[81] 2. Mose 15,26 (NLB)
[82] z.B. 3. Mose 11 über die Ernährung. Das sind Ratschläge, die auch heute noch sinnvoll sind.

IN BALANCE LEBEN

Der Übergang von einem gesunden Konsum zu einem Suchtverhalten ist fließend. Die Abhängigkeit von Medien, wie zum Beispiel der Umgang mit dem Smartphone, ist nur ein Beispiel unter vielen. Es kann jedes Verhalten betreffen und wir könnten hier eine lange Liste anführen: Einkaufen, Essen, Sport, Computerspiele usw. Bei Drogen, Alkohol und Nikotin ist dringend Abstinenz zu empfehlen, weil es ja keinen Sinn macht, etwas mäßig zu konsumieren, das mich und andere erwiesenermaßen schädigt und abhängig macht.

Woher kommt die Maßlosigkeit? Was verbirgt sich dahinter? Hier dürfen wir die Wirkung der Werbung nicht unterschätzen. Wir werden bombardiert, das Glück im Konsum zu suchen. Denn die Wirtschaft lebt davon, dass wir unzufrieden sind und mehr kaufen als wir brauchen. Ausgangspunkt des Suchtverhaltens ist eine bewusste oder unbewusste Unzufriedenheit. Eine Frau erzählte: „Nach der Scheidung habe ich begonnen, fast täglich Kleider zu kaufen!" Eine andere Frau verlor ihren Mann durch Krankheit. In ihrer Wohnung häuften sich Zeitungen, Kleider, Deko, Geschirr - die Wohnung vermüllte. Es ist bekannt, dass Verlusterfahrungen zu einer tiefen Frustration führen können und im Extremfall das Messie-Syndrom verursachen. Oder ein erfolgreicher Geschäftsmann vereinsamte und begann bei Wettspielen sein ganzes Geld zu verprassen. Trotz seines Reichtums entwickelte sich ein Sinnlosigkeitsgefühl, das zu einem Suchtverhalten führte. Maßlosigkeit kann sich auch in extremen politischen und religiösen Ansichten äußern. Einfache Schwarz-Weiß-Antworten von Populisten und Gurus können nach Enttäuschungen trösten und das Gefühl geben, die Welt und ihre Geschehnisse leichter zu verstehen. Welcher einzelne Auslöser auch immer zum Tragen kommt, letztlich ist es eine tief sitzende Unzufriedenheit, die zu unmäßigem Verhalten bzw. zur Sucht führt. Frustrationen und Verletzungen können wir verdrängen. Das macht sie aber nicht unwirksam, sondern sie können umso mehr zum Suchtverhalten führen. Es gibt drei Ratschläge der Bibel, die uns helfen werden, die innere Balance zu fördern. Sie verlagern sich ebenfalls von der bewussten Wahrnehmung in unser Unterbewusstsein und erzeugen ein bestimmtes Lebensgefühl. Es geht um danken, dienen und denken.

DANKEN – DAS GUTE SEHEN

Paulus schrieb an die Christen über die Dankbarkeit:
„Was immer auch geschieht, seid dankbar, denn das ist Gottes Wille für euch, die ihr Christus Jesus gehört."[83]

---

[83] 1. Thessalonicher 5,18 (NLB)

Unsere mitteleuropäische Gesellschaft scheint Defizite und Unvollkommenheiten sehr stark wahrzunehmen. Dieses Streben nach dem Perfekten und Besten ist ein Nährboden für Unzufriedenheit. Ein wirksames Gegenmittel wäre, dankbar wahrzunehmen, was jetzt gut ist.

Sucht ist die Fixierung auf eine einzige Aktivität, die mir Glück und Zufriedenheit bringen soll. Es ist, als ob ich auf einem Klavier mit 88 Tasten immer nur auf eine einzige Taste schlage. Maßlosigkeit ist die Reduktion der vielfältigen Freuden und Genüsse des Lebens auf einen bestimmten Konsum. Dankbarkeit kann helfen die „anderen Tasten" wahrzunehmen und freudig darauf zu spielen. Danken für die alltäglichen Geschenke. Danken für die vielen kleinen und großen Freuden des Lebens. Danken für die heilsame Wirkung von einfachen Möglichkeiten, wie die Wirkung der Natur auf mich oder sportliche Aktivitäten. Danken für die Menschen, die mich schätzen und mein Bestes wollen. Dankbarkeit hilft mir, verstärkt mehr in der Gegenwart zu leben und den hastigen Genuss zu vermeiden. Dankbarkeit fördert Zufriedenheit und damit ein gesundes Gleichgewicht in allen Lebensbereichen. Deshalb wäre ein erster praktischer Schritt, sich jeden Tag fünf Geschenke des Alltages in ein Buch der Dankbarkeit zu schreiben. Dadurch würden wir unser Denken neu ausrichten, weil wir nicht nur die Defizite, sondern auch das Positive mehr sehen lernen. Dieses Umdenken fördert die Zufriedenheit und damit ist es ein gutes Gegenmittel bezüglich suchtartigem Verhalten.

DIENEN – FÜREINANDER DA SEIN

Die zweite Aktivität ist nach den Worten des Apostels Petrus: **„Gott hat jedem von euch Gaben geschenkt, mit denen ihr einander dienen sollt."**[84]

Eine Gesellschaft, in der der Einzelne hauptsächlich für sich lebt, ist trotz Wohlstand suchtgefährdet. Erst durch die Hinwendung auf das Gegenüber, entsteht eine tiefe innere Zufriedenheit. Elisabeth Lukas beschreibt, wie Leid und Langeweile, beide Extreme in suchtartiges Verhalten führen können. „Entweder wird die Betäubung gesucht, um einem schweren Schicksal nicht ins Auge sehen zu müssen, oder es wird die Illusion gesucht, um eine Leere im Leben zu füllen."[85]

Der Sinnverlust in der Not und im Wohlstand fördert süchtiges und selbstbezogenes Verhalten. In der Logotherapie spricht man vom Sinn des Lebens, der sich in der Hingabe an jemanden oder an etwas äußert. Ein existenzielles Vakuum ist der ideale Nährboden für suchtartiges Verhalten.[86] Erfüllung und Zufriedenheit finden

---

[84] 1. Petrus 4,10 (NLB)
[85] E. Lukas, Auf das es dir wohl ergehe, Verlag Kösel, 2006, S. 77
[86] Ebenda, S. 76

wir, indem wir füreinander da sind. Nicht umsonst gibt es deshalb so viele ehrenamtliche Helfer, die gerne im Dienst für andere stehen. Es ist ein Weg, um von der Fixierung auf das Ich wegzukommen. Im Dienen haben wir nicht unsere eigenen Bedürfnisse im Blick, sondern die des anderen. Das schafft eine tiefe Befriedigung, die manche unmäßige Angewohnheit nicht mehr so anziehend erscheinen lässt. Jesus hat diese Lebenshaltung auf den Punkt gebracht, indem er sagte: **„Geben macht glücklicher als Nehmen!"**[87] Damit hat er einen der wichtigsten Gedanken für ein erfülltes und glückliches Leben formuliert. Die Folge von einem selbstlosen Dienst wird sein, dass wir eine starke Verbundenheit zu unseren Mitmenschen empfinden, was uns wiederum die nötige Stärke und Balance für den Alltag schenkt. Wir werden uns nicht einsam fühlen, wenn wir ungefragt Gutes tun.

DENKEN – ÜBER SEIN LEBEN REFLEKTIEREN

Die dritte Aktivität betrifft die Reflexion über mein Leben. Paulus schrieb an die Christen: **„Achtet sorgfältig darauf, wie ihr lebt; handelt nicht unklug, sondern bemüht euch, weise zu sein."**[88]

---

[87] Apostelgeschichte 20, 35 (HFA)
[88] Epheser 5,15 (NLB)

Die Reflexion über das eigene Leben ist ein wichtiger Lernprozess, der unsere Gesundheit und unsere Beziehungen maßgeblich beeinflusst. Wir haben viel Freiheit und damit auch viele Möglichkeiten uns zu verirren. Entscheidend ist, dass wir es erkennen und dazu brauchen wir Werte, nach denen wir unsere Gewohnheiten beurteilen. Zur Reflexion, ob ich in Balance oder ins unmäßige Verhalten geglitten bin, kann ich mir einige Fragen stellen: Wie wirkt sich mein Verhalten auf mein Gefühlsleben aus? Welchen Einfluss hat mein Verhalten auf die Beziehungen zu meinen Mitmenschen? Welche Werte sind mir wichtig? Welche ersten Schritte möchte ich gehen, falls ich merke, dass ich in einem Bereich meines Lebens einseitig und unmäßig bin? Mit wem kann ich darüber sprechen? Möchte ich mir professionelle Hilfe holen?

Dieses Dreieck von **Danken, Dienen und Denken** wird Ausgewogenheit fördern und mir helfen, extreme Verhaltensweisen zu reduzieren oder zu vermeiden. Maßzuhalten ist kein Opfer, sondern ein Weg, um Freiheit, Gesundheit und gesunde soziale Beziehungen zu fördern. Menschen, die mit Gott leben, haben umso mehr Grund zu danken, zu dienen und zu denken.

BIN ICH GUT GENUG?

Tom spazierte durch die Straßen von New York. Er sprach eine junge Dame namens Amelie an, die auf einer Bank saß: „Darf ich dich fotografieren?" Dabei zeigte er ihr einige Bilder, die er schon an diesem Tag gemacht hatte. Amelie meinte: „Ich sehe müde aus, weil ich schlecht geschlafen habe!" Tom entgegnete: „Du siehst gut aus! Ich würde dich gleich hier fotografieren!" Sie sagte: „Okay!" Der Fotograf gab kleine Anweisungen und schoss einige Bilder, die er anschließend der jungen Dame zeigte. Amelie war erstaunt, wie gut sie auf den Fotos aussah. Tom verstand es, die Menschen aus der richtigen Perspektive und mit seiner professionellen Kamera so zu fotografieren, dass die Personen sehr attraktiv und interessant aussahen. Diese Geschichte lässt meine Gedanken zu Jesus wandern. Wie sieht Jesus dich und mich? Wenn er uns begegnet, will er unsere besten Seiten betonen. Durch seine Zuneigung zu uns stellt er uns im besten Licht dar. Bin ich der Ansicht, dass Gott jemand ist, der kritisch auf mich schaut und nach meinen Fehlern sucht? Oder ist er jemand, der durch seine Erlösung mich im schönsten Licht erscheinen lassen will? Der folgende Bibeltext sagt es deutlich: „**Doch dann zeigte Gott, unser Retter, uns seine Freundlichkeit und Liebe. Er rettete uns, nicht wegen unserer**

guten Taten, sondern aufgrund seiner Barmherzigkeit. Er wusch unsere Schuld ab und schenkte uns durch den Heiligen Geist ein neues Leben."[89] Das bedeutet, dass wir durch Jesus und die Vergebung völlig rein vor Gott sind. Unsere Hoffnung liegt in dem, was Jesus für uns getan hat. Jesus will dir heute in den Straßen deines Alltages begegnen. Er grüßt dich und macht „die schönsten Bilder" von dir.

Die Bibel spricht davon, dass Jesus am Kreuz für uns aus Liebe starb, damit wir gerettet werden können: **„Gottes Liebe zu uns zeigt sich darin, dass er seinen einzigen Sohn in die Welt sandte, damit wir durch ihn das ewige Leben haben. Und das ist die wahre Liebe: Nicht wir haben Gott geliebt, sondern er hat uns zuerst geliebt und hat seinen Sohn gesandt, damit er uns von unserer Schuld befreit."**[90]

Das Wesen Gottes ist voller Zuneigung für dich. Gott ist nie gegen dich, sondern immer für dich. Sein Wunsch ist es, dass du das erkennst und ihm vertraust. Fühle dich in Gott gut aufgehoben. Er will dich gerne führen und deine Gebete beantworten. Entweder so wie du es wolltest oder, wenn es anders kommt, gar noch viel besser.

---

[89] Titus 3,4.5 (NLB)
[90] 1. Johannes 4,9 (NLB)

ICH BIN BEI DIR

Jedes Jahr in den Sommerferien durfte der kleine Noel seine Großeltern besuchen. Die Eltern brachten ihn mit dem Zug zu Oma und Opa und fuhren am nächsten Tag wieder nach Hause. Eines Tages sagte der achtjährige Junge: „Ich bin jetzt schon groß und kann auch allein mit dem Zug fahren." Die Eltern überlegten und einigten sich darauf, Noel allein fahren zu lassen. Sie standen am Bahnsteig und gaben ihm noch einige Ratschläge, doch der Junge wimmelte ab: „Ja, das habt ihr mir schon hundertmal gesagt!" Der Vater beugte sich zu ihm: „Ich weiß, du bist schon groß! Aber wenn du doch Angst bekommst, dann ist das für dich!" Dabei steckt er ihm etwas in seinen kleinen Rucksack. Noel stieg in den Zug und setzte sich auf seinen reservierten Sitzplatz, winkte ein wenig und deutete seinen Eltern, sie können nach Hause gehen. Der Zug fuhr los und die Landschaft zog an ihm vorbei. Im Abteil saßen ernstblickende unbekannte Gesichter. Nach einiger Zeit wurde es Noel etwas mulmig zumute. Als der Schaffner ihm kopfschüttelnd einen traurigen Blick zuwarf, weil er allein unterwegs war, packte ihn die Panik. Da erinnerte sich Noel daran, dass er ja etwas in seinem Rucksack hatte, falls ihm unwohl werden sollte. Es war ein Kuvert. Er öffnete es und auf einer Karte stand in großen Buchstaben: „Lieber Noel, ich bin im letzten Waggon! Dein Papa!"

Diese Geschichte soll uns an jemand erinnern, der auch gesagt hat, dass er in der Nähe ist. Jesus sagte: **„Gott hat mir unbeschränkte Vollmacht im Himmel und auf der Erde gegeben. Darum geht nun zu allen Völkern der Welt und macht die Menschen zu meinen Jüngern und Jüngerinnen! Tauft sie im Namen des Vaters und des Sohnes und des Heiligen Geistes, und lehrt sie, alles zu befolgen, was ich euch aufgetragen habe. Und das sollt ihr wissen: Ich bin immer bei euch, jeden Tag, bis zum Ende der Welt."**[91]

Jesus lässt uns nicht allein, sondern bleibt jeden Tag bei uns, bis wir an das Ziel kommen. In Momenten, in denen wir Angst haben, sollen wir daran denken. Wir sind nie allein, immer ist er da und kennt unsere Lebenssituation. Genauso wie Noel sich wieder beruhigt hat, weil er wusste, dass sein Vater da ist, dürfen auch wir heute Gott diesen Tag anvertrauen und wissen, dass er mit uns geht.

---

[91] Matthäus 28,18-20 (GNB)

FÜR IMMER UND EWIG

Wohin steuert diese Welt? Werden wir uns eines Tages alle selbst mit unseren Atombomben in die Luft jagen? Was sagt die Bibel darüber? 300mal wird im Neuen Testament gesagt, dass Jesus wiederkommen und er selbst den Verlauf dieser Erde beenden und eine neue Welt erschaffen wird, wo alle Menschen leben können, die sein Rettungsangebot annehmen. Stellen wir uns jetzt mal vor, wir sind auf dieser neuen Erde. Es gibt keine Krankenhäuser, keine Friedhöfe, keine Kriege, keine Hungersnöte, kein Leiden und nichts Böses mehr. Sag bloß nicht, das wäre langweilig. Wie geht es dir, wenn du mit Freunden zusammen bist und ihr eine schöne Zeit miteinander habt; brauchst du da etwas Negatives, damit du glücklich bist?

„Dann sah ich einen neuen Himmel und eine neue Erde, denn der alte Himmel und die alte Erde waren verschwunden. … Siehe, die Wohnung Gottes ist nun bei den Menschen! Er wird bei ihnen wohnen und sie werden sein Volk sein und Gott selbst wird bei ihnen sein. Er wird alle ihre Tränen abwischen, und es wird keinen Tod und keine Trauer und kein Weinen und keinen Schmerz mehr geben. Denn die erste Welt mit ihrem ganzen Unheil ist für immer vergangen.

Und er sagte auch: Es ist vollendet! Ich bin das Alpha und das Omega – der Anfang und das Ende. Jedem, der durstig ist, werde ich aus der Quelle, die das Wasser des Lebens enthält, umsonst zu trinken geben!"[92]

Diese Welt ist nicht durch Zufall entstanden und auch das Ende wird nicht Zufall sein. Jesus ist der Anfang und er kennt auch das Ende bzw. das Ziel unseres Lebens. Alpha und Omega sind der erste und der letzte Buchstabe des griechischen Alphabets. Deshalb ist Jesus das A und O, die wichtigste Person unseres Lebens. Er will dir das geistliche Wasser schenken, das deine Seele ermutigt, stärkt, erfrischt. Wenn du jemand bist, der für immer und ewig bei Gott sein will, wenn du Durst nach Gottes gerechter Welt hast, dann wird er dich in deinem Leben heute schon führen und dich nie verlassen. Er wird dir Kraft und Frieden geben, wenn du eine schwierige Zeit erlebst. Und wenn es dir so richtig gut geht, dann zeigt er dir, dass noch etwas Besseres kommt und bleibt - für immer und ewig. Mit diesem Blick kannst du dein Leben kraftvoll und zuversichtlich leben und für das Gute in der Welt eintreten, weil das Gute letztlich auch bleiben wird – für immer und ewig.

---

[92] Offenbarung 21,1-6 (NLB)

NACHHALTIG ERFÜLLT LEBEN

Vor kurzem wurde ein neuer Beatles-Song veröffentlicht. John Lennon hatte „Now and Then" 1977 in seiner New Yorker Wohnung mit dem Kassettenrekorder aufgenommen. Nach seiner Ermordung im Dezember 1980 schenkte seine Witwe Yoko Ono den anderen früheren Bandmitgliedern die Demokassette mit Lennons Stimme und Klavierbegleitung. Die Technik reichte damals nicht, die Aufnahme in guter Qualität zu veröffentlichen. Mit einer KI - Künstlichen Intelligenz- gelang es nun fast 50 Jahre später die Stimme von der Klavierbegleitung zu trennen und den Gesang von John Lennon mit neuer Musikbegleitung und mit dem Gesang seiner ehemaligen Bandkollegen Paul und Ringo zu veröffentlichen.

Als ich davon las, dachte ich an den folgenden Bibelvers: **„Es war von Anfang an, wir haben es gehört und mit unseren eigenen Augen gesehen, wir haben es betrachtet und mit unseren Händen betastet: das Wort des Lebens. Das Leben wurde uns offenbart, und wir haben es gesehen. Und jetzt bezeugen und verkünden wir euch das ewige Leben. Es war beim Vater, und dann wurde es uns offenbart. Wir sagen euch, was wir selbst gesehen und gehört haben, damit ihr Gemeinschaft**

mit uns habt. Und zusammen sind wir verbunden mit dem Vater und mit Jesus Christus, seinem Sohn. Wir schreiben euch das, damit unsere Freude immer größer wird."[93]

Johannes will uns von Jesus erzählen, damit er für uns lebendig wird. Die vielen störenden Nebengeräusche sollen getrennt werden von dem, was Jesus selbst sagte. Er soll vor uns mit klarer Stimme lebendig werden, indem wir das auf uns wirken lassen, was seine Zeugen berichten. Sie haben ihn gehört, sie haben ihn gesehen, haben ihn betrachtet und ihn berührt. Wir haben mit den zuverlässigen Berichten der Bibel die Möglichkeit, das Lied der Liebe Gottes direkt zu hören und uns davon berühren zu lassen. Sie enthält die KI - die korrekte Information - über das Wesen und den Willen Gottes.

Gott vertrauen zu lernen ist ein Prozess, der dein Leben lang andauern wird. Die Beziehung zu ihm wird immer stärker werden und deine Sicherheit in ihm immer größer. Ja, dazwischen wird es auch mal Täler des Zweifels und geben, aber diese können überwunden werden. Was kannst du tun, damit der Glaube an Gott stabil bleibt und du dich weiterentwickeln kannst?

---

[93] 1. Johannes 1,1-4 (NLB)

Wenn du deine Verbindung mit Gott fördern willst, dann kannst du folgendes machen.

1. Bleib mit Gott in Verbindung durch das Gespräch mit ihm und durch das Lesen der Bibel.

2. Suche den Kontakt zu anderen Christen, wo Jesus im Mittelpunkt ist und man sich nach der Bibel orientiert.

3. Lebe deinen Alltag mit Gott und vertraue ihm alles an. Übergib täglich dein Leben Gott.

4. Bilde dich weiter durch Bibelkreise, Bibelfernkurse und Bücher.

5. Besuche einen Gottesdienst, wo Jesus und sein Wort gepredigt wird.

6. Bring dich mit deinen Gaben und Fähigkeiten ein und arbeite mit.

7. Und bei allen deinen Aktivitäten: Liebe deine Mitmenschen und tue ihnen Gutes.

Ich wünsche dir, dass Gott für dich auch lebendig ist, nicht nur „now and then" - ab und zu-, sondern täglich und immer mehr, für immer.

Mit lieben Grüßen, Peter

Vielleicht hat der Inhalt des Buches Fragen aufgeworfen oder du möchtest eine Rückmeldung geben. Wenn du mit mir Kontakt aufnehmen willst, kannst du das gerne unter folgender Emailadresse tun:

treff.leben@gmx.de

ANHANG – BÜCHER VOM AUTOR

Unser Leben voller Wunder
Tiefe Zufriedenheit und Lebenssinn erfahren
© Peter Zaiser, 4. Auflage 2022, Books on Demand, Norderstedt; ISBN 978-3-7543-4305-0

Bei genauerem Hinsehen sind wir, trotz Leid, Schuld und Tod, von vielen Wundern umgeben. Was bedeuten sie? Der britische Physiker Stephen Hawking bringt seine Forschung auf folgenden Nenner: „Wenn ich wüsste, warum das Universum entstand, würde ich alles wirklich Wichtige wissen." Dieses Buch wird ermutigende und glaubwürdige Antworten geben, die zur Erfahrung von tiefer Zufriedenheit und Lebenssinn führen.

„Ich konnte gar nicht aufhören zu lesen. Habe das Buch in einer Nacht durchgelesen."   *W.N. aus Deutschland*

„Sie haben die Fähigkeit komplexe Themen verständlich zu vermitteln. Danke!"   *M.B. aus Deutschland*

Unser Leben von oben

144 Schritte durch die Offenbarung des Johannes,
© Peter Zaiser, 2. Auflage 2020, Books on Demand, Norderstedt; ISBN 978-3-7494-2868-7

"Unser Leben von oben" ist eine Mischung aus Kommentar, Meditation und Anwendung für das persönliche Leben. Ziel ist es, die konkrete sinngebende Bedeutung der Offenbarung des Johannes, des letzten Buches der Bibel, zu erfassen und eine Begegnung mit Gott zu fördern. "Unser Leben von oben" bewirkt einen neuen ermutigenden Blick auf unsere Welt und unser Leben. Es schenkt Orientierung zu den wichtigsten Lebensfragen. Es bringt Frieden in unser Herz, weil es uns zeigt, dass Gott das Beste für uns will. Das Vertrauen wird stärker, loslassen wird leichter und die Dankbarkeit wird intensiver.

"Durch die Aufteilung in kleine Abschnitte liest es sich sehr gut. Ich bin überrascht über den neuen Zugang."
D.H. aus Deutschland

"Einfach großartig geschrieben und lässt sich auf das persönliche Leben gut übertragen." *G.S aus Deutschland*

Kraftvoll leben nach schweren Zeiten

Das dunkle Tal verlassen und sich besser fühlen

© Peter Zaiser, 3. Auflage 2024, Books on Demand, Norderstedt; ISBN 978-3-7597-6881-0

Peter Zaiser geht auf Denkmuster ein, die durch Krisen entstehen können. Es werden wesentliche Erkenntnisse aus dem psychologischen, körperorientierten und seelsorgerlichen Bereich bezüglich der Lösungswege zusammengefasst. Folgende Fragen werden besprochen: Welche Mechanismen führen zu destruktivem Denken? Welche Möglichkeiten gibt es, um das dunkle Tal der negativen Gedanken zu verlassen? Wie kann ich meine Gesundheit und mein Wohlbefinden ganzheitlich fördern?

"Das Buch ist hilfreich, weil es viele Lösungsmöglichkeiten anbietet. Sehr anschaulich sind die Kapitel über die Heilkräfte der Natur. An vielen Stellen ermöglicht es durch Fragen eine Selbstreflexion. Vom Umfang her, hat es der Autor richtig getroffen."　　　　　　　　　　*I. C. aus Deutschland*